KB034555

인생 뭐, 야구

김양희 지음

인생 뭐, 야구

25년 차 스포츠기자가
야구를 보며 떠올린
사람들과 질문들

KBO 공식추천도서

산지니

프롤로그

야구가 밥 먹여 준다?

주변이 난리였다. 29년간 쌓인 한이 많았나 보다. 29년, 말이 쉽지 참 긴 세월이다. 고3이던 내가 중학생 두 아이를 키우는 엄마가 될 만큼의 시간이니까. 야간 자율학습 때 몰래 이어폰으로 한국시리즈 라디오 생중계를 들으며 주먹을 불끈 쥐던 여학생은, 24년 차 스포츠 기자가 되어서야 LG 트윈스의 우승 기사를 쓰게 됐다.

한국시리즈 1, 2, 5차전이 열린 서울 잠실야구장은 온통 유광 점퍼와 노란색 머플러 물결이었다. 관중 2만 3750명 가운데 90퍼센트 이상이 LG 팬인 듯했다. 그들은 "무~적 LG"와 "사~랑~한다 LG"를 거듭 외치고 노래했다. 그리고 우승이 확정되는 순간 펑펑 눈물을 쏟아 냈다. 모기업인 LG와는 전혀 관계없는 이들이, LG가 우승해도 어떤 보상도 없음에도 늦가을 밤 추위를 견뎌 내며 목청껏 "사~랑~한다 LG"를 부르짖는 모습을 보며 문득 생각했다. '도대체

야구가 뭐라고.'

사실 스포츠 팬이 된다는 건 평생의 족쇄를 차는 것과 같다. 특히 야구는 더 그렇다. 1년에 적어도 144일은 경기를 하니 오죽할까. 야구에 웃고, 야구에 울고, 야구에 화내고, 야구에 기뻐한다. 일상과 너무 많이 얽혀 있어 떼어 내기도 쉽지 않다. 켜켜이 쌓인 애증의 감정은 단 한 번의 우승으로 스르르 녹아내린다. 삶의 순간 내내 끊어 낼 수 없는 중독성 강한 그 무엇, 그것이 스포츠 팬심이다.

다행히 팬심의 긍정적인 면도 있다. 『스포츠 팬: 관중의 심리학과 사회적 영향』의 저자인 미국 켄터키주 머레이주립대학의 대니얼 완 교수(심리학)는 2012년 4월 미국 방송사 CNN과의 인터뷰에서 "스포츠 팬은 신체적, 정치적, 사회적으로 매우 활동적이다. 지역팀을 응원하는 팬들은 자존감이 더 높고, 덜 외로우며, 스포츠 팬이 아닌 이들보다 덜 공격적"이라고 했다.

수십 년간 스포츠 팬을 연구한 완 교수는 "현지 팀에 더 많이 공감할수록 심리적으로 더 건강한 경향이 있다. 만약 샌프란시스코에 거주하는 자이언츠 팬이라면 다른 사람과 연결고리를 찾는 게 더 쉽다"면서 "우리는 하나의 종으로서 소속에 대한 강한 욕구와 우리 자신보다 더 큰 존재와 동일시하려는 욕구가 있다. 팬덤은 우리를 비슷한 생각을 가진 다른 사람들과 연결해 주고, 이는 인간의 소속감 욕구를 충족해 준다"고 말했다. 승리가 확정되는 순간, 관중석에서 전혀 모르는 사람끼리 부둥켜안고 기쁨을 나누는 건 아마 이 때문일 것이다. 구장 밖에서는 '남남'이지만 구장 안에서는 공통의 목표를 가진 같은 팬이니까. 그래서 스포츠 팬은 스포츠에 관심 없는 사람보다 우울증과 소외감을 덜 느낀다고 한다.

시안 바일록 다트머스대학 총장은 아예 스포츠를 직접 하거나 관전하는 행위가 언어능력을 향상시킨다는 사실까지 알아냈다. 그는 하키 선수와 팬, 그리고 스포츠를 본 적도, 해 본 적도 없는 사람들을 그룹으로 나눠 연구를 진행한 끝에, 일반적으로 행동을 계획하고 통제하는 뇌 영역이 팬과 선수가 자신의 스포츠에 대한 대화를 나눌 때 활성화된다는 것을 발견했다. 바일록 총장은 "소파에 앉아 축구나 하키 경기를 볼 때 우리 두뇌는 실제로 어떤 면에서 경기 자체를 플레이하고 있다"고 말했다.

이에 더해 미 해군 대위인 캐리 케네디 신경심리학자는 "스포츠의 규칙과 복잡함을 배우는 것은 언어와 관련된 신경망을 활성화함으로써 뇌 건강에 도움이 된다"며 "스포츠의 흐름을 따라가려면 규칙을 배우고 경기 도중 규칙이 잘 준수되는지 지속적인 관심을 유지해야 하며, 응원하는 팀을 따라가려면 팬들은 팀의 각 선수, 기록, 강점, 약점, 포지션 등을 배워야 한다. 개인의 기량과 전반적인 결과의 예측할 수 없는 특성은 인지 유연성, 기억력, 도파민 시스템과 관련한 인지 과정을 자극한다"고 했다.

조지아주립대학 제임스 대브스 심리학자는 응원팀이 승리하면 테스토스테론 수치가 올라간다는 연구 결과도 내놨다. 1994년 월드컵에서 브라질이 이탈리아에 승리하기 전과 후에 애틀랜타에 있는 이탈리아 · 브라질 남성 21명에게서 타액 샘플을 채취했는데, 승리한 브라질 출신 남성들의 테스토스테론은 평균 28퍼센트 증가한 반면, 패배한 이탈리아 출신 남성들의 테스토스테론은 27퍼센트 감소했다. 테스토스테론 수치가 오르면 성기능이 향상되고 에너지도 증가하는 법. 2002년 한 · 일 월드컵 4강 진출 이후 이듬해에 일시적으로 국내 출산율이 올랐다는 점(합계출산율 2002년 1.17명, 2003년 1.18명, 이전까지는 하락 추세였다)을 떠올리면 틀린 말도 아니다. 더 나아가 응원팀이 승리하면, 남성이든 여성이든 자신의 성적 매력에 훨씬 더 낙관적이라는 설문조사까지 있다. 팀이 지면 이런 낙관론은 사라졌다. 팀의 승패가 자존감과 연결된다는 뜻이다.

완 교수는 "스포츠 팬덤은 경기 결과와 아무 관련이 없다"고도 말한다. 예를 들어 피자 가게에서 계속 주문이 잘못될 경우 더 신뢰할 수 있는 가게로 옮겨 갈 가능성이 크지만, 팬이 되는 것은 자신의 정체성에 매우 중요하기 때문에 사람들은 기꺼이 패배를 받아들이고 팀에 계속 충성한다는 것이다. 다른 팬들과 함께 경기를 관전하면 패배로 인한 심리적 영향을 완화하는 데 도움이 되는 것으로도 조사됐다. 독일 베를린공과대학의 실비아 노블로크-웨스터윅 교수는 "패배한 팀의 팬들은 고통을 공유함으로써 자존감 상실을 막을 수 있었다"고 한다. 그러니까 나 홀로 집에서 스포츠를 보는 것보다 경기장에서 다 함께 즐기는 것이 삶의 질을 향상시킬 수 있다는 얘기다.

일부 심리학자는 스포츠 팬덤의 뿌리가 인류가 작은 부족을 이루며 살던 원시시대로 거슬러 올라가며, 부족을 지키기 위해 싸우는 전사가 부족을 대표하는 진정한 유전적 대표자였다고 말한다. 애리조나주립대학 로버트 찰디니 심리학 교수는 〈뉴욕타임스〉 인터뷰에서 "프로 운동선수는 모든 면에서 용병이지만 그들의 활약은 일부 팬에게 부족 전쟁에서의 격렬한 감정을 느끼게 한다. 지난 20년 동안 스포츠 인기가 폭발적으로 증가한 것도 이런 감정 때문일 수 있다"고 했다. 그는 이어 "스포츠 영웅은 우리의 전사" 라며 "스포츠는 그 고유의 우아함과 조화로움 때문에 즐기는 가벼운 오락이 아니다. 자아는 경기 결과에 중심적으로 관여한다. 누구를 응원하든 자신을 대표한다"고 했다.

응원팀의 승리에 도취해 있을 때 누군가 "야구가 밥 먹여 주냐?"는 식의 핀잔을 주면 앞에 언급한 연구사례를 예로 들어 열성 팬의 심리적, 정신적, 사회적, 언어적 이면을 설명해 주자. 야구는 그저 평범한 공놀이가 아니니까.

차례

2장 그라운드 밖의 야구

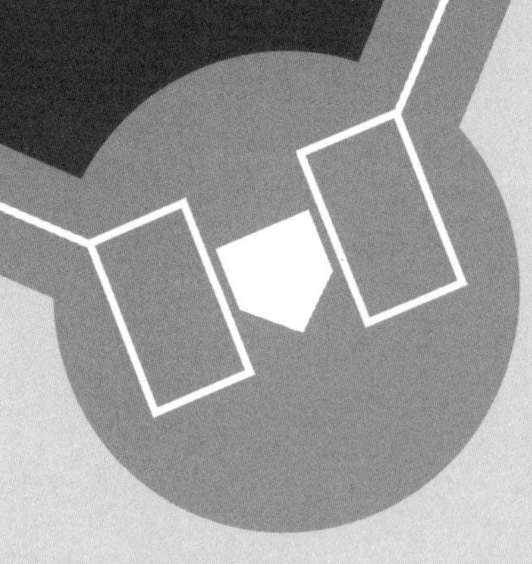

1장

그라운드 안의 인생

빅리거가 된 '바람의 손자'

'바람의 손자'가 태평양을 건너갔다. 넥센, 키움 히어로즈에서 7년간 뛰었던 이정후는 2023년 말 미국 메이저리그 샌프란시스코 자이언츠와 6년 총액 1억 1300만 달러(약 1466억 원)에 계약했다. '바람의 아들' 이종범 전 LG 트윈스 코치가 KBO리그를 거쳐 일본 프로야구(주니치 드래곤즈)에서도 뛰었다는 점을 고려하면 아버지에 이어 아들도 국외 리그에서 활약하는 셈이다.

누군가는 선천적 DNA의 힘이라고 말하겠다. 하지만 설령 유전적 영향이 있더라도 부자가 모두 한 분야에서 슈퍼스타로 성공하기는 쉽지 않다. 아버지가 레전드급 선수임에도 아들은 그에 못 미치는 경우를 야구뿐만 아니라 스포츠 전반에서 많이 봐 왔다. 샌프란시스코 구단 입단식에서

'아버지에게서 특별히 배운 게 있는가'라는 물음에, 이정후는 "야구로 배운 것은 없다"고 잘라 말하기도 했다. 이종범 코치 또한 "야구 기술은 팀 코치나 감독에게 배우라고 했다. 나는 정신적 부분만 얘기해 줬다"고 했다. 이정후는 타고난 운동신경을 기반으로 스스로 리그에서 살아남는 법을 터득한 것이다.

이정후의 타격 메커니즘은 아마추어 때 얼추 완성됐다. "처음에는 끝까지 스윙을 안 하고 공을 방망이에 갖다만 맞히고 빨리 1루로 뛰어가려는 경향이 강했다"고 한다. 당시 휘문고 코치였던 오태근 감독이 그때 했던 조언은 "스윙을 하고 1, 2초 뒤에 뛰어라"였다. 더불어 "너는 프로에 가서 곧바로 3할을 치고 신인왕까지 할 능력이 있는 선수다. 고교 때 잘하는 게 중요한 것이 아니라 고교는 프로에 가기 위한 과정으로 생각하고 기본기를 다져라"라는 말로 이정후를 다독였다. 오 감독은 "좌타자의 경우 빨리 안타를 치고 1루로 뛰어가려는 경향이 강하다. '완벽하게 풀스윙하고 뛰어라'라고 하면 잘 안 되니까 마음속으로 2초까지 세라고 한 것"이라고 설명했다.

'타격 2초 뒤 뛰기'는 점점 몸에 배었다. 그리고 프로 지명 뒤 웨이트 트레이닝으로 살을 찌우고 힘을 키워서 스프링캠프에 참여했는데, 타격의 질이 많이 달라져 있었다.

이정후는 "타격폼을 바꾼 것도 아닌데 불과 2~3개월 전만 해도 펜스 앞에서 잡혔던 공이 다 넘어갔다. 그래서 '기본기가 중요하구나' 했다"고 말했다. 오태근 감독은 "정후는 지는 것을 싫어하는 선수였다. 승부욕이 엄청났다"면서 "미션이 주어지면 끝까지 달성하려 했고 겨울에도 혼자 훈련하는 등 노력을 엄청 하는 선수였다. 질문도 많이 했다" 고 돌아봤다. 더불어 "아버지 이름에 누가 될까 고민하는 모습도 보였다"고 했다.

'이종범'이라는 세 글자는 이정후의 야구 인생에 엄청난 부담이었다. 고교 시절만 해도 선발로 나가면 "이종범의 아들이니까 특혜를 입는다"라거나 안타를 하나도 못 치면 "이종범의 아들이 뭐 저래"라는 뒷말이 들려왔다. 이정후가 프로 데뷔 초반 경기장 안팎에서 좀처럼 감정을 드러내지 않은 것도 이 때문이다.

김태형 롯데 자이언츠 감독은 "(이정후는) 고졸 신인인데도 경기하는 모습을 보면 놀라울 정도로 포커페이스였다. 신인이 마치 베테랑 같았다"고 했다. 아버지의 야구를 보고 자라 아버지를 따라 야구선수가 됐지만 결국 아버지는 극복해야 할 대상이었다. 해마다 나아지는 성적에도 그가 절대 만족할 수 없는 또 하나의 이유였다.

이정후는 2022년 타격 5관왕에 오르고 정규리그 최우수 선수상(MVP)을 차지한 뒤 타격 기술에 변화를 줬다. 보통 좋을 때는 그대로 폼을 가져가는데 그는 현실에 안주하지 않았다. 더 빠르고 더 강한 타구를 날리기 위한 선택이었지만 결과는 좋지 않았다.

프로야구 개막 달인 4월에 2할대 타율(0.218)을 기록했다. 2017년 프로 데뷔 이후 최악의 슬럼프였다. 방망이가 너무 안 맞아 사우나에서 몸에 소금을 뿌려 보기도 하고, 어머니가 성당에서 받아 온 성수를 타석에 뿌리기도 했다. 자신에게조차 낯설고 기나긴 타격 부진이었다. 다행히 5월에 반등 기미(타율 0.305)를 보이더니 시간이 지남에 따라(6월 타율 0.374, 7월 타율 0.435) 원래 모습을 회복했다.

이정후는 타격 변화 시도에 대해 "내가 잘하려면 변화를 두려워하면 안 된다고 생각한다. 스윙 변화로 좋은 성적을 내지는 못했지만 처음 겪어 본 만큼 더 성숙해지고 이후 나에 대한 믿음이 확고해졌다"고 말했다. 7월 말 발목 부상으로 시즌을 조기 마감한 그의 2023년 성적은 86경기 출전, 타율 0.318, 6홈런 45타점. 이정후는 "내가 준비한 것에 최선을 다해서, 열심히 해서 나온 성적이다. 부상으로 인해 연속 기록을 못 이어 간 게 아쉬울 뿐"이라고 했다.

이정후는 KBO리그 일곱 시즌 동안 타율 0.340, 출루율

0.407, 장타율 0.491, 65홈런, 515타점, 69도루, 581득점을 기록했다. 3천 타석 이상 기준으로 KBO리그 통산 타율이 제일 높다. 마운드 위 투수들은 이정후를 상대하면 "던질 곳이 없다"고 말한다. 방망이를 공에 맞히는 콘택트 능력이 그만큼 뛰어나다. KBO리그에서 뛰었던 투수 조쉬 린드블럼(전 두산 베어스)은 미국 스포츠 전문매체 〈디 애슬레틱〉과 한 인터뷰에서 "이정후는 어떤 카운트에서도 타구를 만들어 냈고, 2스트라이크에서도 스윙하는 것을 두려워하지 않았다"고 했다.

적극적인 공격 자세로 이정후는 프로 일곱 시즌 동안 3947타석에서 304차례만 삼진을 당했다. 이에 비해 병살타는 64차례밖에 없었다. 2023년엔 고작 한 개뿐(387타석)이었다. 이정후는 "삼진은 아무것도 해 보지 못하고 물러나는 것이지만, 어떻게든 그라운드 안에 공을 넣으면 무슨 일이 일어날지 모른다"라며 "그런 마음으로 어릴 때부터 연습했고, 콘택트가 좋아진 것 같다"고 했다. 공에 대한 집착이 메이저리그 데뷔 첫해 연봉 700만 달러(약 90억 8천만 원), 2025년 1600만 달러(약 207억 6천만 원), 2026년과 2027년 각각 연봉 2200만 달러(약 285억 4720만 원)를 만들어 냈다.

이정후가 어릴 적 일기와 함께 작성한 버킷리스트에는

'메이저리그 진출'이 없었다. 하지만 프로 입단 뒤 매일, 매해 최선을 다한 끝에 아시아 야수 최고액 계약으로 메이저리그라는 문을 열었다. 아버지 이름이 버거워서, 혹은 삼진에 대한 두려움으로 타석에서 움츠러들었다면 절대 열리지 않았을 문이다. 자신을 압박하는 주변 환경을 탄탄한 기본기에 기반을 둔 적극적인 자세로 돌파한 이정후였다.

'오늘'이라는 타석에서 우리는 삼진을 피하기에 급급했을까, 아니면 이정후처럼 어떻게든 공을 쳐 내려고 했을까. 일단 공만 때려 내면 '다음'은 있다. 땅볼이어도, 뜬공일지라도 상대 실책이 나올 수 있다. (병살타는 어쩔 수 없지만.) 매일 아침마다 '일단 무조건 치고 보자'라는 마음을 먹게 된다.

야구 개근상을 받은 사나이, 박용택

회사 선배의 정년 퇴임식 때였다. 회사 3층 퇴임식장에는 선배 가족을 비롯해 많은 동료가 모여 선배의 마지막 날을 축하해 줬다. 한때 병마와 싸우기도 했던 그는 넉넉한 미소와 함께 기자로서, 가장으로서 소임을 다했다. 많은 이의 박수를 받으며 인생 1막을 끝내는 그를 바라보며 나 또한 잠시나마 끝을 생각했다. 그날이 오면 섭섭할까, 후련할까.

2022년 7월 3일 서울 잠실야구장에서도 이별식이 있었다. LG 트윈스의 심장으로 불렸던 박용택의 공식 은퇴식과 영구 결번식(33번)이 열린 것. 박용택은 2020년 말 은퇴했는데 코로나19로 관중 입장이 제한됐던 터라 뒤늦게 그라운드 작별 시간이 마련됐다. 이날 경기의 입장표(2만 3750석)는 일찌감치 매진됐다.

박용택은 LG뿐만 아니라 한국 야구사에도 한 획을 그었다. 2002년부터 2020년까지 LG 유니폼을 입고 19시즌 동안 그라운드를 누비면서 KBO리그 통산 2237경기 출장(1위, 은퇴식 선발 출장 포함), 9138타석(1위) 8139타수(1위) 2504안타(1위) 213홈런 313도루라는 대기록을 세웠다.

2009년 홍성흔(당시 롯데 자이언츠)과 타격왕 경쟁을 하다가 시즌 막판 타율 관리에 나서 '졸렬택'이라는 불명예스러운 별명이 붙기도 했으나, 그는 '용암택' '기록택' '기부택' '관리택' '매너택' 등 다양한 별명으로 불렸다. LG의 암흑기 시대에도 꿋꿋이 팀을 지켜 냈고, 세 차례 얻은 FA(자유계약) 자격 때도 큰 금액을 손해 보면서까지 팀, 그리고 팬과의 의리를 지켰다.

박용택은 팬들의 사인 요청에 언제나 기꺼이 응해 '팬 서비스 교과서'로 불리기도 했다. 7월 3일 은퇴식 때도 박용택은 그가 가장 잘하는 방식으로 팬 서비스를 했다. 행사 뒤 잠실야구장 주변에서 다음 날 새벽 4시까지 팬들에게 일일이 사인해 주고 같이 사진을 찍어 줬다. 박용택은 "팀보다 위대한 선수는 없고, 팬보다 위대한 팀은 없고, 팬보다 위대한 야구도 없다"라고 했다.

박용택이 현역 시절 더 인정받은 까닭은 철저한 자기관리에 있었다. 그는 선수 시절 내내 필사적으로 루틴 안에서 행동했다. 하루에 휴대전화 알람을 5~6개 맞춰 놓고 자기만의 규칙대로 생활했다. 홈경기가 오후 6시 30분에 시작하는 날에는 오전 11시에 일어나고 오후 1시쯤 잠실야구장에 도착했다. 경기가 시작되기 1시간 30분 전, 30분간은 꼭 쪽잠을 잤다. 오후 5시쯤 쪽잠을 자기 전에는 준비한 것을 스스로 체크했다. 잠이 안 오면 눈만이라도 감고 있었다.

박용택은 말솜씨가 꽤 좋은 선수였으나 경기 전에는 절대 인터뷰하지 않았다. 기자들도 그의 루틴을 알았기에 굳이 그 흐름을 깨지 않으려 했다. 하루는 그가 화장실 세면대에서 푸시업을 하다가 세면대가 무너져 오른 손가락을 다쳤다는 얘기를 전해 들었는데, 현장 기자들은 대부분 "세면대가 무너져요?"라며 의아해하다가 그 당사자가 박용택이라는 말을 듣고 전부 수긍했다. 박용택은 그만큼 신뢰를 주는 선수였다.

하지만 루틴이란 것은 하나의 감옥이기도 하다. 분 단위, 시간 단위로 또박또박 맞춰 20년 가까이 살아 내기란 절대 쉬운 일이 아니다. 박용택은 아침에 일어나 제일 먼저 내딛는 발까지 계산했다. 겉으론 늘 웃고 있었지만, 그는 사실 신경이 곤두선 채 그라운드에서 전쟁 같은 하루하루를 보냈다.

그래서였을까. 그는 2018년 한때 공황장애를 겪었다. 성적 스트레스와 다가오는 끝맺음의 시간에 몸이 먼저 반응했다. 한동안 타석에 들어갈 때 다리가 떨렸고, 잠실야구장으로 출근할 때는 심장이 엄청 뛰어 호흡곤란까지 겪었다. 그는 전문가 상담과 약 처방 등으로 버텼고, 그해 말 세 번째 FA 계약을 하면서 '2년 뒤 은퇴'를 못 박았다. 자신에게 '야구 정년'을 부여한 뒤 마음이 한결 편해졌다고 한다.

박용택은 스스로를 매일 채찍질하는 노력형 선수였다. 19년 선수 생활 동안 타격폼을 100번 이상 바꿨고, 타격 느낌 그대로를 위해 팬티만 입고 몇 시간씩 연습했다. 그래서 자신이 직접 정한 정년을 끝으로 은퇴한 뒤에는 "정말 후련한 느낌이다. 티끌만큼도 후회가 없다"라고 말했다. 방송 해설위원이 된 뒤에는 "유니폼을 벗은 지금은 타율, 안타 등 온갖 숫자에서 다 해방된 느낌"이라고도 했다.

돌아보면 이승엽(전 삼성 라이온즈)도, 김태균(전 한화 이글스)도 박용택처럼 은퇴 직후 "후련하다"라는 말을 했었다.

프로야구 역사상 처음 공식 은퇴투어를 한 이승엽은 "이제는 나를 토닥여 주면서 그동안 너무 고생했으니까 이제 원하는 일, 하고 싶은 일 충분히 하면서 살아가라고 말해 주고 싶다"라고 했다. 선수 시절 불면증으로 고생하다가 은퇴 뒤에야 단잠을 잔다는 김태균은 "누구보다 더욱 열심히 했기에 단 한 톨의 후회도 안 남고 아쉬움도 안 남는다"라고 했다. '프랜차이즈(팀을 상징하는 대표선수)'라는 무게의 짐은 그만치 무겁다. 데뷔 때부터 응원해 온 팬들을 실망시킬 수 있다는 압박감이 프로 생활 내내 선수를 짓누른다.

정년 퇴임식이 끝난 뒤 선배에게 어떤 느낌인지 물었다. 선배의 답은 박용택의 그것과 비슷했다. "30년 넘게 나름 최선을 다했다고 생각해서 아쉽다는 느낌은 없다. 감사한 마음과 후련한 마음이 교차하는데, 잘 버텨 준 나 자신과 그동안 나와 함께한 주변 동료들에게 감사하다. 그리고 대과 없이 무사 졸업하는 것이니까 꼭 개근상을 받은 느낌 같기도 하다."

박용택도 어쩌면 야구 개근상을 받았다고 할 수 있겠다. 하루하루 나태해지려는 자신과 싸우면서 끝까지 그라운드를 지켰다. 그 하루하루가 쌓여 통산 최다 경기 출장을 이뤄 냈고, 집중해서 때려 낸 안타 하나하나가 누구도 밟아

보지 못한 통산 안타 숫자를 만들었다. 박용택은 "어떤 결과를 내겠다는 마음은 없었다. 다만 그저 좋은 결과를 내기 위해 그 순간에 최선을 다했을 뿐"이라고 말한다. 선배도, 박용택도 나날의 최선 끝에 만족스러운 마지막을 품었다.

야구의 출발점은 홈이다. 그리고 종착점도 홈이다. 홈에서 홈으로 되돌아오는 길은 험난하다. 1루까지 가기도 버거울 때가 있다. 누상에서는 '아차' 하다가 횡사를 당하기도 한다. 동료가 도와주지 않으면 1루에 있든, 2루에 있든 헛수고가 되기도 한다. 그렇다고 홈으로 돌아오기 위한 여정을 멈출 수는 없다. 홈으로 돌아오지 못하면 이길 수가 없다.

박용택처럼, 이승엽처럼, 그리고 선배처럼 끝끝내 홈을 밟고 나 자신에게 "수고했다"라고 말해 주기 위해 오늘의 타석에 서서 나만의 스트라이크존을 만들어 오늘의 공을 힘차게 때려 내야겠다. 찬란한, 아니 후련한 끝을 위해.

'어린 왕자'가 왼손으로 세수하는 이유

그는 '어린 왕자'로 통했다. 열아홉 살 프로 데뷔 해(1991년)에 선동열(해태 타이거즈)과 맞대결해 완봉승을 거둔 뒤 얻은 별명이었다. 프로 첫 승을 거둔 뒤 거듭된 연패에 실망하면서 김인식 감독에게 2군행을 졸랐지만 무산된 뒤 당대 최고 투수에게 오기로 맞서 이뤄 낸 결과물이 프로 첫 완봉승이었다. 개인 9연패도 함께 끊었다.

곱상한 외모와 함께 막내 구단(쌍방울 레이더스)의 어린 투수라는 위치는 그의 별명을 더욱 돋보이게 했다. 20대 중반을 넘어가며 우스갯소리로 '늙은 왕자'라고도 불렸으나 지금도 야구팬들은 '어린 왕자' 하면 김원형 전 SSG 랜더스 감독을 떠올린다.

현역 시절 폭포수 커브를 보여 줬던 그는 통산 134승

(144패)을 거뒀다. 프로야구 사상 역대 아홉 번째로 많은 승수다. 1군 545경기 2171이닝 동안 그가 던진 공의 개수는 3만 3240개. 2군 경기나 불펜 대기 때 던진 공을 합하면 이보다 갑절 이상 더 던졌다.

물론 스프링캠프, 마무리캠프까지 합하면 투구 횟수는 헤아릴 수 없을 정도로 많다. 그리고 그가 던진 공의 개수만큼 그의 팔꿈치와 어깨는 마모되어 갔다. 그는 야구를 그만뒀을 당시를 이렇게 회상한다. "팔꿈치에서 정말 불이 날 것 같아서 견딜 수가 없었다"라고.

『야구란 무엇인가』(레너드 코페트, 민음인, 2009)는 '피칭'에 대해 "근육과 인대, 관절, 심지어 특정 부위의 뼈에까지 엄청난 부담을 주는 행위"라고 설명한다. "팔은 어깨에서 밑으로 매달려 흔들거리고 팔꿈치는 안으로 굽는 게 어디까지나 자연스러운 것인데 피칭은 그 반대 방향으로 많은 운동량을 부과해야 하기 때문"이란다.

인체 구조상 매우 부자연스런 동작의 반복은 어린 왕자에게도 평생 안고 가야 할 '흔적'을 남겼다. 김 전 감독의 오른 팔꿈치는 보통 사람처럼 곧게 일자로 펴지지 않는다. 안쪽으로 90도 이상 접을 수도 없고 어깨 높이 이상으로도 올라가지 않는다. 그 때문에 세수를 할 때조차 오른손을 쓸 수 없어 왼손으로만 한다. 김시진 전 롯데 감독 또한 오른팔이 굽었다.

비단 던진 공의 개수만 팔꿈치 상태에 악영향을 주는 것은 아니다. 커브, 슬라이더 등 변화구를 던질 때마다 팔을 비틀기 때문에 몸은 더욱 기형적으로 변하게 된다. 이 때문에 미국 스포츠 의과대학(American College of Sports Medicine)은 커브의 경우 만 열네 살 이상부터 던지는 것을 권한다. 중학교 2학년 즈음까지는 속구만으로 타자와 승부하라는 것이다.

커브와 함께 가장 보편적으로 던지는 변화구인 슬라이더는 어떨까? 만 열여섯 살 이상부터 던지라고 권장한다. 고등학교 1학년 이후부터다. 이유는 단순하다. 아직 뼈, 근육이 성장 중인 어린 투수들의 어깨, 팔꿈치 보호를 위해서다. 물론 이와 같은 권장 사항을 지키기는 어렵다. 당장의 승부 앞에서는 변화구가 필요하다. 프로 지명을 생각할 때 변화구의 유혹을 뿌리치기는 힘들다. 승부욕은 가끔 몸을 갉아먹는다.

아마추어 선수를 보호하기 위한 가장 기본적인 장치는 투구 수 제한과 연투 금지다. 주마다 다소 차이가 있기는 하지만 미국에서는 아마추어 투수의 경우 하루 110개 이상 투구를 금지하고 91~110개를 던졌을 경우 반드시 나

흘을 쉬게 한다. 투구 수 31~50개는 1일, 51~70개는 2일, 71~90일은 3일 휴식 등의 규정이 있다. 그리고 3일 연투를 금지한다. 하지만 고교 대회 등에서는 규정을 교묘하게 피한 혹사가 여전히 진행 중이다. 토미 존 서저리(팔꿈치 인대 접합 수술)를 받는 아마추어 선수들이 점점 늘어나는 이유다.

비단 투수만이 아니다. 현역 시절 한 시즌 최다 홈런(56개)을 때려 냈던 이승엽 현 두산 베어스 감독도 왼쪽 팔이 곧게 펴지지 않는다. (사실 이승엽은 고교 시절 왼손 투수였다. 그 영향이 있을 수 있다.) 롯데 3루수 출신으로 '미스터 올스타'로 불린 김용희 롯데 자이언츠 2군 감독의 오른팔도 휘어져 있다. 수천, 수만 번 반복한 송구 동작에서 팔꿈치에 많은 무리가 갔기 때문이다. 내야수 출신의 한 수비코치는 오른팔을 어깨 위로 올리지 못한다. 그는 "프로야구 선수나 코치 태반은 야구를 하면서 기형적으로 변한 몸 때문에 평생 고통을 받는다"라고 했다.

사람들은 너무나도 쉽게 선수들의 땀과 노력을 폄훼한다. 하지만 그들은 오늘도 스스로의 열정에 자신의 몸을 태우면서 한계에 도전하고 있다. 그들의 야구를 위해, 그들의 찬란한 봄을 위해 팔, 어깨를 비틀면서 그렇게 그라운드에 선다. 한 번이라도 내 몸을 태우는 열정으로 어떤 일에 몰두한 적이 있는가. 그런 경험이 없다면 함부로 누군가를 평가해서는 안 된다.

명예롭지 않은 명예 선수들

명예(名譽)

[명사] 1. 세상에서 훌륭하다고 인정되는 이름이나 자랑. 또는 그런 존엄이나 품위.

2. 어떤 사람의 공로나 권위를 높이 기려 특별히 수여하는 칭호.

한 포털 사이트 어학사전에 설명된 '명예'의 정의다. 그렇다면 미국 뉴욕주 쿠퍼스타운에 있는 메이저리그(MLB) '명예의 전당'에는 과연 명예로운 선수들만 있을까. 딱히 그렇지는 않다. 세상에는 흠결 없는 것이 없고 메이저리그 명예의 전당도 마찬가지다. 괜히 야구를 인생과 닮았다고 하겠는가.

일단 타이 코브를 보자. 1994년 토미 리 존스 주연으로 할리우드 영화가 만들어지기도 했던 코브는 가히 타격 천재였다. 1905년 디트로이트 타이거스 소속으로 빅리그에 데뷔해 23시즌 연속 3할 타율을 때렸고, 4할 타율도 세 차례나 기록했다. 발까지 빨라서 타격 8관왕에 오른 적도 있다. 통산 타율(0.366)은 메이저리그 역대 최고다.

그러나 코브는 상당히 거친 선수였다. 그는 도루할 때 다리를 높게 쳐들고 슬라이딩했다. 스파이크(바닥에 뾰족한 징이나 못을 박은 운동화) 날을 아주 날카롭게 갈았던 터라, 그를 미처 피하지 못한 수비수의 다리는 종종 피로 물들었다. 코브는 상대 선수들을 겁주기 위해 아예 그들이 보는 앞에서 스파이크 날을 갈았다. 그가 도루가 많던 이유(1915년 96개)는 비단 발이 빨라서만은 아니었다.

코브는 겉으론 재키 로빈슨 등 흑인 선수들이 메이저리그에서 뛰는 것을 옹호하는 발언을 했으나 실상은 'KKK'(백인우월주의를 내세우는 미국의 극우비밀결사) 단원이었다는 말도 흘러나온다. 물론 증거는 없다. 그는 관중석으로 난입해 장애가 있는 팬을 폭행한 전력도 있다.

1936년 시행한 첫 명예의 전당 투표 때 코브는 베이브 루스 등 다른 네 명과 함께 최초의 헌액자로 뽑혔다. 98.23%(226표 중 222표)의 득표율은 루스(95.13%)보다도 높았다. 화려한 기록이 그라운드 안팎 일그러진 악당의 모습을 가렸다.

사법 처분을 받은 진짜 악당도 명예의 전당에 올랐다. 올랜도 세페다가 그 주인공. 세페다는 로베르토 클레멘테와 더불어 히스패닉계를 대표하는 선수로 평가받는 강타자로 신인왕, 내셔널리그 MVP도 받았다. 하지만 그는 은퇴 뒤 푸에르토리코에서 마리화나를 밀수한 혐의로 1975년 체포돼 10개월의 징역형을 선고받았다. 미국야구기자협회는 그를 명예의 전당 입회자로 뽑지 않았다. 하지만 1999년 베테랑위원회가 그를 추대했다. 명예보다 기록이 우선이었다.

부정행위를 일삼고도 명예의 전당에 헌액된 이는 수두룩하다. 23시즌 동안 324승을 올린 돈 서턴은 LA 다저스 시절 글러브에 면도날을 숨겨 놓고 공을 긋고는 했다. 긁힌 공은 손에 잘 채어져서 제구를 쉽게 해 준다.

다른 팀들이 의심의 눈길을 보내자 동료 유격수가 대신 면도날을 갖고 있다가 공을 서턴에게 건네주기 직전 변형시키기도 했다. 메이저리그 최초로 양대 리그에서 사이 영 상을 받은 게일로드 페리(통산 314승)는 공에 침을 바르거나, 소매 등에 숨긴 바세린을 발라 던졌다. 은퇴 뒤 바세린

광고까지 찍었으니 말은 다 했다.

이들 외에 웨이드 보그스는 현역 시절 내연녀인 바버라 월터스가 전국 방송에 출연해 혼외정사를 폭로하며 그를 '섹스 중독자'라고 했는데도 명예의 전당에 입성했고, 경마장 도박에 빠진 로저스 혼스비에게도 명예의 전당이 허락됐다. 끝까지 흑인 선수 영입을 거부한 인종차별주의자 구단주도 당당히 명예의 전당에 들어갔다. 이는 메이저리그가 야구 외적인 문제에 꽤 관대했다는 것을 보여 준다. 야구장 내 기록만을 중시했던 것일 수도 있다. 도덕성은 그저 부차적 문제로 치부했을 뿐이고.

돌이켜 보면 메이저리그 명예의 전당이 쿠퍼스타운에 세워진 계기는 세계 대공황의 영향이 컸다. 지역 경기가 너무 안 좋아서 명예의 전당이라도 세워 야구를 좋아하는 관광객을 끌어모을 요량이었다. 그 때문에 초창기에는 '선수 인기도'가 명예의 전당 헌액자 선정에서 제일 중요했다. 이름 있는 유명 스타의 '과거 모습'이 전시돼 있어야 한 사람이라도 더 방문할 것이기 때문이다. '선수가 경기만 잘하면 됐지 그까짓 인격적 흠결쯤이야'라고 생각했을 듯도 하다.

요즘 들어 명예의 전당 입성이 꽤 까다로워진 면은 있다. 한 예로 배리 본즈, 로저 클레멘스, 커트 실링 등 야구팬이 아니더라도 한 번쯤 들어 봤을 선수들이 투표에서 탈락의 고배를 마셨다. 본즈와 클레멘스는 금지약물(스테로이드) 복용 의혹, 실링은 경기장 밖 인종차별 · 성차별적 발언 등이 원인이었다. SNS, 온라인 커뮤니티 등을 통한 팬들의 입김이 강해지면서 투표가 더욱 신중해지는 편이다.

표면적으로 압도적인 성과가 나왔을 때 그 외의 나머지 것들은 간과되기 쉽다. 빛이 너무 강하면 의도적이건 의도적이지 않건 작은(혹은 절대 작지 않은) 흠결을 가려 버린다. 부정과 부당 이득은 이 과정에서 묻히기도 한다. 하지만 때로 그 작은 흠결이 모이고 모여 부메랑이 되어 돌아오기도 한다.

예컨대 명예의 전당에서 '명예'라는 말 자체에 물음표가 생기는 아이러니한 상황. 부당하게, 부정한 방법으로 얻은 명예도 과연 대접해 줄 가치가 있을까. 하긴 존중받아야 할 명예지만 결코 존경할 수 없는 명예가 우리 현실에도 많으니까.

여느 스포츠보다 더 많은 경기를 치르는 야구는 나날이 영웅을 토해 낸다. 하지만 그 영웅은 위선자일 수도, 인종차별주의자일 수도, 도박꾼일 수도, 싸움꾼일 수도 있다. 메이저리그 명예의 전당이 한 증거다. 숫자가 보여 주는 화려함 속에 감춰진 이면을 들춰 보자. 늘 말하지만 보이는 것만이 전부는 아니다. 야구도, 인생도.

"내 혈관에는 푸른 피가 흐른다"

2013년 미국 방송과 인터뷰에서 그는 말했다.

"나는 다저스타디움이 좋아요. 가끔은 여기 앉아 있다는 사실이 믿기지 않지요. 지구상의 '블루 헤븐(푸른 천국)'이거든요. 종종 사람들에게 '이봐, 천국으로 가려면 다저스타디움을 통해야 할걸'이라고 말해 왔답니다."

한낱 메이저리그 구장일 뿐인데 '천국의 문'이라니. 하긴 구단 연고지가 '천사의 도시', 로스앤젤레스니까 틀린 말도 아닌 것 같다. 2021년 1월 7일 밤 아흔세 살의 일기로 하늘 위 그라운드로 떠난, 토미 라소다 전 LA 다저스 감독은 그만치 다저스를 사랑했다. 짧은 선수 시절부터 스카우트, 마이너리그 감독, 메이저리그 사령탑 그리고 구단 홍보대사에 이르기까지 무려 71년 동안 '다저스 맨'으로 있었으니까 그럴 만도 하겠다. 오죽하면 "내 혈관에는 '푸른 피(일명 '다저 블루')'가 흐른다"라고까지 했을까.

당시 인터뷰를 보면 그는 사후 다저스타디움 마운드 밑에 묻히고파 했다. (물론 현실상 그럴 수 없지만) 이유는 분명했다. 선수들에게 용기와 희망을 주고팠다. "어느 어린 왼손잡이(그는 현역 때 왼손잡이 투수였다) 투수가 마운드 위에서 고군분투하고 있을 때 아마 그는 이런 목소리를 들을 거예요. '천천히 해. 집중하고. 넌 할 수 있어, 너 자신을 믿어야 해'라고 말하는. 선수가 의아해하면서 주위를 둘러보며 '누가 나에게 말을 걸고 있어! 누구지?' 하면 대답해 줘야죠. 마운드 밑에 묻힌 '토미 라소다'라고."

국내에는 '박찬호의 양아버지'로 더 유명한 라소다 전 감독. 그가 '양아들'로 삼은 이는 비단 박찬호뿐만이 아니었다. 그는 재능 있는 어린 유망주들에게 확실한 동기부여를 하면서 아낌없는 정성과 애정을 쏟아부었다. 그가 다저스 감독으로 재임하던 21년(1976~1996년) 동안 내셔널리그 신인왕을 9명이나 배출한 것이 그 증거다.

롭 맨프레드 메이저리그 커미셔너(프로야구 최고 권위기관의 기관장)가 애도 성명에서 허투루 "토미는 멕시코, 도미니카공화국, 일본, 한국 등지에서 온 다저스 선수들을 모두 환영했다. 이는 야구를 더 강하고, 더 다양하고, 더 나은 경기로 만들었다"라고 했겠는가. 그런 면에서 박찬호가 메이저리그 첫 지도자로 라소다 전 감독을 만난 것은 참 행운이었다. 그가 있었기에 메이저리그 124승 투수 박찬호가 있었다.

라소다 전 감독은 현역 시절에는 그다지 빛을 못 본 선수였다. 트리플A(마이너리그에서 가장 높은 수준의 야구 리그)에선 최고 수준이었지만 메이저리그에서는 아니었다. 세 시즌(1954~1956년) 동안 브루클린 다저스 등에서 26경기(58과 1/3이닝 투구)에 등판해 단 1승을 거두지 못하고 4패만 당했다. 평균자책점은 6.48. 그러나 트리플A에선 여섯 시즌 동안 10승 이상의 성적을 거뒀다.

2016년 은퇴할 때까지 67년간 다저스 전담 중계를 했던 빈 스컬리는 이렇게 말했다. "토미에 대해 두 가지는 확실히 말할 수 있다. 그는 열정적이었고 결단력이 대단했다. 제한된 능력 안에서 최고의 선수가 되기 위해 자기 자신을 밀어붙였다. 메이저리거가 될 만한 재능이 없었을 뿐 그가 노력을 안 한 것은 아니다." 빅리그 무대에 대한 갈증을 누구보다 뼈저리게 느꼈기에, 라소다는 지도자가 됐을 때 어린 선수들의 꿈을 이뤄 주기 위해 더그아웃의 치어리더를 자처하며 선수들을 다독이지 않았을까.

라소다 전 감독은 뛰어난 전략가나 혁명가는 아니었다. 하지만 그는 특유의 입담과 친화력으로 미국 대통령부터 리틀야구 선수들까지 지역사회 누구와도 쉽게 어울렸다. "토미 라소다로 인해 연간 수십만 명이 야구장을 더 찾았다"라는 말까지 있었다. 실제 다저스는 라소다 감독 시절 '관중 300만 명' 시대를 열었다.

가난한 이민 가정에서 태어나 서툰 영어를 구사하며 온갖 궂은일을 다 했던 라소다 전 감독은 야구장 안이나 밖에서의 생존 전략을 알았다. 나름 성적도 괜찮았다. 월드시리즈 우승 2회(1981년, 1988년), 내셔널리그 우승 4회 등의 성적을 내며 사령탑에서 물러난 다음 해에 곧바로 '명예의 전당'에 헌액됐다.

그가 남긴 어록 가운데 가장 유명한 말은, 앞서 언급한 "내 혈관에는 푸른 피가 흐른다"와 "1년 중 가장 슬픈 날은 야구 시즌이 끝나는 날"이다. 이 밖에 고개를 끄덕이게 하는 명언이 많다. 이를테면 이런 말.

"성공의 유일한 문제는 실패에 대처하는 법을 가르쳐 주지 않는다는 것이다."

"우리는 압박이란 단어를 오용한다. 압박감을 느끼는 것은 실패를 생각하기 시작했기 때문이다."

"불가능과 가능의 차이는 사람의 결단력에 달렸다."

"역사를 무시하는 사람들은 그것을 반복할 운명에 처한다."

"감독이란 자리는 비둘기를 손에 쥐는 것과 같다고 생각한다. 너무 꽉 잡으면 비둘기를 죽이고 너무 느슨하게 잡으면 비둘기를 잃어버린다."

그리고 이런 말도 했다. "당신이 직업을 사랑한다면 한평생 일하지 않는 것이 된다."

그는 71년 동안 다저스 맨으로 자신이 가장 좋아하는 일을 했다. 심지어 아주 많이 잘했다. 그가 다저스를 사랑한 만큼 다저스와 LA도 그를 사랑했다. 그의 사망 직후 LA 국제공항과 LA 시청 등은 푸른 눈물과도 같은 다저 블루의 조명을 켰다. 반세기를 관통한 한 사람의 열정과 헌신에 대한 존경의 표시였다. 그가 32년 만의 다저스 우승을 보고 눈감을 수 있었던 것도 어찌 보면 운명인 듯하다. 다저스는 라소다 감독 시절인 1988년 우승 이후 처음으로 2020년 10월에 월드시리즈 우승 트로피를 들어 올렸다.

〈스포츠일러스트레이티드(SI)〉의 유명 칼럼니스트 톰 버두치의 말로 글을 갈무리한다. "자기 일을 그토록 오래 사랑할 수 있던 그 사람이야말로 진정 성공한 야구 인생을 산 것이 아닐까."

내일이 있는 삶

영화 〈아저씨〉에서 원빈이 연기한 차태식은 말한다. "너희는 내일을 위해서 살지, 난 오늘만 산다." 차태식은 '오늘'만 살기에 안간힘을 쓰면서 하루하루를 버틴다. 하지만 그런 오늘이 매일 이어진다면 결국 번아웃이 일어나지 않을까.

오랜 시간 1.5군 신분으로 출전 시간이 적었던 선수들을 만나면 공통적으로 하는 말이 있다. "한 타석만에 나의 모든 것을 보여 줘야 했다."

지금은 현역에서 은퇴해 jtbc 예능프로그램 〈최강야구〉에서 또 다른 야구를 이어 가고 있는 정의윤도 비슷한 말을 했었다. "한 타석 못 치면 더그아웃에서 그냥 멍하니 앉아 있었다. 하지만 주전으로 기용된 뒤에는 한 타석 못 쳐도 다음 타석이 있다는 것을 알게 되니까 이전 타석을 분석하면서 다음 타석을 기다렸다."

데뷔 이후 한동안 대타로만 기용됐다가 2014년부터 주전을 꿰찬 포수 이재원(현 한화 이글스) 또한 "대타 때는 못 치면 다시 경기에 못 나올 수도 있다는 불안감이 항상 있었다. 하지만 퓨처스(2군)리그 두 시즌 동안 풀타임으로 뛴 경험이 여유를 만들어 줬고 '오늘 못 쳐도 내일 다시 치면 된다'는 생각을 하게 됐다"라고 말한 적이 있다.

리그 첫 200안타 신화를 썼던 서건창(현 KIA 타이거즈)은 더 나아가 '준비의 준비'에 대해 얘기한 적이 있다. "힘든 시간은 지나가더라. 막연하게 꿈만 꿨는데 시간이 해결해 주는 부분이 있었다. (힘들 때라도) 그 안에서 할 수 있는 최대의 노력은 다한 것 같다. 여러 방법도 찾아보고 기술적 부분이 안 되면 이미지 트레이닝도 하고. 가장 중요한 것은 항상 준비가 돼 있어야 한다는 거다. 100퍼센트 가지고는 안 된다. 막상 기회가 왔을 때는 분명히 100퍼센트를 발휘하지 못한다. 절반도 못 하는 경우가 허다하다. 내일이 기회일 수 있다는 생각을 하고 미리 준비해야 한다."

서건창은 2008년 LG 트윈스에 신고(육성)선수로 입단했다가 방출된 뒤 현역으로 군복무를 마치고 트라이아웃(입단 테스트)을 통해 넥센(현 키움) 히어로즈 유니폼을 입었다. 2014년 KBO리그 역대 최초 단일 시즌 200안타 기록을 세우며 정규리그 MVP에도 뽑힌 바 있다. 이듬해 무릎 십자인대 파열 부상을 당하고 하락길을 걸었으나 그는 여전히 '준비의 준비'를 하면서 기회를 기다리고 있다. 넥센 신고선수로 유일하게 뽑혔던 당시, 그를 발탁했던 박흥식 코치는 서건창에 대해 "트라이아웃에 참가한 선수 중 유일하게 눈빛이 살아 있었다"라고 했다.

프로 선수는 '오늘'을 치열하게 살아 내야만 한다. 1.5군이라면, 2군이라면 그래야 '내일'이 온다. 김재환(두산 베어스)이나 오재일(삼성 라이온즈) 또한 서건창처럼 치열하게 오늘을 살아 내며 내일의 문을 연 선수다. 김재환은 2008년, 오재일은 2005년 프로에 데뷔했는데 둘 모두 2015년까지 풀타임 주전으로 뛴 적이 한 번도 없었다. 하지만 2016년 주전으로 발돋움했고 이후 주전에서 밀려나지 않았다. 오늘이 쌓이고 쌓여 안정된 내일을 만들어 냈다.

FA 계약에 있어서도 이들은 소위 '대박'을 터뜨렸다. 김재환은 2021년 12월, 4년 115억 원에 두산과 계약했고, 오재일은 2020년 12월 삼성과 4년 최대 50억 원에 계약하며 팀을 옮겼다. 오재일의 경우는 2005년 프로에 입단해 데뷔

16년 만에 일궈 낸 '잭팟'이었다. 오재일은 계약을 마친 뒤 "스포츠든, 공부든, 어떤 일이든 꾸준하게 하는 게 중요하다고 느낀다. 포기하지 않고 끝까지 열심히 하면 좋은 일이 따라올 것이라고 후배들에게 얘기해 주고 싶다"라고 말했다.

지금은 LG 트윈스 더그아웃 리더 역할을 하는 김현수가 미국 메이저리그에서 뛸 때 가장 힘들어했던 것도 '보장 없는 내일'이었다. 상대 투수에 따라 타자를 달리 기용하는 플래툰 시스템이 그렇듯 오늘 4안타를 쳐도 내일 선발 출전을 장담할 수 없었다. 김현수는 경기에 출전하지 않는 기간에도 타격감을 유지하려 훈련에 매진했고 비로소 당시 볼티모어 오리올스 감독이었던 벅 쇼월터의 고집을 실력으로 꺾으며 연속 선발 출전의 기회를 얻었다.

국내 프로야구에서 '타격기계'로 불렸던 그가 미국에서 불안한 내일에도 버틸 수 있던 것은 신인 시절의 경험 때문이었다. 김현수는 고졸 신고선수로 입단해 2군 밑바닥부터 치열하게 경쟁을 뚫고 1군에 올라왔으며 결국 현역 선수 통산 타율 3위(0.318)의 기록을 갖고 메이저리그에 진출했다. 경험에는 무엇과도 바꿀 수 없는 값어치가 있다.

'카르페 디엠(현재를 즐겨라)'도 좋고, '욜로(YOLO, You Only Live Once)'도 좋고 오늘을 오늘만의 방식으로 열정적으로 풀어내는 것도 좋다. 하지만 '그럼에도 불구하고' 내일이 있다는 것만큼 좋은 게 있을까. 아무리 힘주어 오늘을 살아도 내일의 희망이 없다면 더욱 절망의 늪으로 빠질 수밖에 없다. 우리가 사는 사회 또한 비정규직이 많은 곳에서는 희망이 싹트기 힘든 것처럼 말이다. 내일이 있는 삶과 오늘만 사는 삶의 차이다.

1.5군 선수들의 깜짝 활약은 프로야구의 '내일'을 더욱 풍성하게 만들어 준다. 흘린 땀에 비례해 '내일의 삶'을 보장해 주는 것은 결국 지도자, 감독의 몫일 것이다. 주전이든 비주전이든 선수들에게 가장 필요한 것은 '내일도 경기할 수 있다'라는 희망과 믿음일 테니까.

징크스와 루틴 사이

밥을 말아 먹지 않는다. 경기를 말아먹을 것 같아서.
달걀 프라이도 안 먹는다. 경기에서 깨질까 봐.
미역국도 금물이다. 경기 때 미끄러지면 안 되니까.

운동선수들에게는 지극히 기본적인 금기 사항이다. 특히 일주일에 여섯 차례나 '그라운드'라는 전쟁터로 나가는 야구선수라면 더욱 신중할 수밖에 없다. 하나의 실수에 팀의 역적이 되니까.

금기 사항에는 조금은 엉뚱하고 생뚱맞은 믿음도 있다. 공수 교대 때 파울라인을 밟지 않는 것도 그런 믿음 중 하나다. 동서양을 막론하고 파울라인은 지금도 '밟아서는 절대 안 될 선'이 됐다.

이런 믿음이 터무니없다며 깨려고 했다가 낭패를 본 선수도 있었다. 한때 뉴욕 양키스 에이스였던 멜 스토틀마이어는 어느 날 의도적으로 파울라인을 밟고 경기에 나섰다. 그는 첫 타자를 '몸에 맞는 볼'로 내보낸 뒤 5연속 안타를 두들겨 맞고 5실점을 해 패전투수가 됐다. 그다음부터 그는 절대 선을 밟지 않았다.

흥미로운 것은 '선을 밟지 않는 것'이 어릴 적 습관에서 기인했다는 점이다. 아마추어 선수들은 연습경기 등을 할 때 하얀 파울선을 직접 그리는데, 선을 밟으면 망가져서 다시 그려야만 한다. 그래서 만에 하나 후배가 선을 밟으면 선배들에게 엄청나게 혼이 날 수밖에 없다. 다분히 현실적인 징크스다.

이색 징크스도 있다. 새미 소사와 홈런 경쟁으로 유명했던 마크 맥과이어는 고등학교 시절부터 메이저리그 은퇴 때까지 줄곧 똑같은 낭심 보호대를 썼다. 경기 중에 땀이 스며들기 때문에 보통은 1년가량 쓰고 교체하는데 맥과이어는 20년 가까이 같은 걸 고집했다. 제이슨 지암비는 슬럼프에 빠졌을 때 금색 티팬티를 입었다. 한때 뉴욕 양키스 동료들도 부진 탈출을 위해 지암비를 따라 하기도 했다.

모이세스 알루는 타석에 섰을 때 배팅 장갑을 안 끼는

것으로 유명한데, 그가 손바닥 부상을 방지하기 위해 쓴 방법은 매일 손에 오줌을 싸는 것이었다. 알루는 오줌 묻은 손으로 방망이를 휘둘러 17시즌 동안 1942경기에 출전해 타율 0.303, 2134안타, 332홈런을 때렸다. 일부 논문에 따르면 소변에 든 성분이 오히려 피부를 부드럽고 촉촉하게 해 준다고 한다. 과연 알루는 경기 내내 다른 선수와 스킨십이 없었을까. 홈런을 치고 더그아웃에 들어오면 하이파이브 정도는 했을 텐데….

삼진에 대한 강렬한 열망 때문인지, 아니면 스리아웃에 대한 집착인지 투수 저스틴 벌랜더는 화장실에서도 세 번째 칸만 쓴다. 래리 워커도 '3'에 집착했는데 그는 원래 시간보다 33분 빨리 시계를 맞췄고, 33번 유니폼을 입었으며, 11월 3일 3시 33분에 결혼했다. 장애 어린이들을 위해 333번 섹션 티켓 33장을 사기도 했다. 그가 아내와 이혼할 때 준 위자료는? 300만 달러였다.

메이저리그 하면 절대 빼놓을 수 없는 베이브 루스에게도 징크스는 있었다. 그는 외야 수비를 나갔다가 더그아웃으로 돌아올 때면 2루 베이스를 꼭 밟았다. 이를 깜빡 잊고 돌아오면 이닝 교대 시간에 다시 2루로 나가서 베이스를 차고 돌아오는 수고를 감내했다. 그는 타격 슬럼프를 막아 준다는 이유로 여성용 실크 스타킹을 신기도 했다.

불운으로 끝난 징크스도 있다. 90년대 후반 마이너리그 최고 유망주였던 론 라이트는 손목밴드를 차는 왼 손목을 면도한 뒤부터 성적이 좋아지자 "앞으로 계속 왼 손목을 밀겠다"고 선언했다. 5년 후인 2002년, 라이트는 가까스로 메이저리그에 데뷔했지만 결과는 영 신통치 않았다. 왼 손목을 밀고 선발 출전한 경기에서 첫 타석 삼진을 당했고, 두 번째 타석에서는 흔치 않은 트리플 플레이(한 타구에 스리아웃을 당하는 것)를 경험했다. 세 번째 타석에서도 병살타로 물러났다. 그는 다음 날 트리플A로 밀려났고 이후 단 한 번도 메이저리그 무대를 밟지 못했다. 3타석 6아웃이 그의 통산 메이저리그 기록이 됐다. 어쩌면 그는 왼 손목을 면도하지 말았어야 했는지도 모른다.

징크스와는 조금 다른 결의 '루틴'도 있다. 기분 좋은 징크스, 즉 행동규칙이 곧 나날의 루틴이 된다. 루틴 하면 스즈키 이치로를 빼놓고 말할 수 없다. 선수 시절 루틴대로 살아간 그는 '수도승'으로 불리기도 했다.

이치로는 경기 시작 5시간 전에는 반드시 경기장에 들어갔다. 같은 방식으로 스트레칭을 하고 타격 준비를 했다. 비가 와도 똑같이 했다. 타격할 때는 쪼그리고 앉았다가 어깨를 들고 플레이트 쪽으로 다가가 숨을 깊이 들이마신 뒤 방망이를 쥔 오른팔을 투수 쪽으로 뻗고, 왼손으로 오른쪽 어깨를 짚는다. 매일 아침 같은 음식을 먹기도 했다. 한때는 국수였고 한때는 식빵, 카레였다.

2020시즌을 끝으로 은퇴한 박용택 또한 '루틴의 사나이'였다. 프로야구 통산 최다 안타 기록을 가진 박용택은 매일 같은 시간에 일어났다. 식사하고 오후 1시 즈음 서울 잠실야구장에 도착해 웨이트 트레이닝을 하고 타격 훈련 때도 꼭 차례를 지켰다. 그리고 경기 전 라커룸에서 30분가량 반드시 잠을 잤다. 그는 알람시계를 다섯 개나 맞춰 놓고 정해진 시간대로 움직였다.

2020 KBO리그 최우수 신인선수상을 받은 열아홉 살 소형준(KT 위즈)에게도 루틴이 있었다. 선발 등판 전날 숙소를 아주 말끔하게 정리하는 것이다. 이젠 청소가 경건한 의식 같은 게 됐다. "뭔가 마음이 차분해져서"란다. 이와 더불어 그는 선발 등판 날 같은 중국집에서 볶음밥을 주문해 먹었다.

어쩌면 잘하고 싶은, 이기고 싶은 욕망의 응집이 징크스가 되는지도 모른다. 우주의 작은 티끌 같은 기운이라도 모아서 승리라는 달콤한 열매를 따고 싶으니까. 하긴 보통 사람들도 비슷하다. 큰일을 앞두고는 피할 것은 피하고 품을 것은 품는다. 나 또한 뭔가를 간절히 바랄 때 문지르는 행운의 동전이 있다.

몇 년 전 강원도 평창 알펜시아 크로스컨트리 훈련장에서 만난 장애인 노르딕 스키 대표팀 선수는 징크스에 대해 이렇게 반문했다. "징크스요? 징크스대로라면 설원에서 잘 미끄러지라고 우리는 경기 때마다 미역국을 먹어야 하는데요?"

유레카! 맞다, 징크스 따위. 코에 걸면 코걸이, 귀에 걸면 귀걸이다. 징크스는 변명을 위한 그럴듯한 구실이 될 뿐이다. 미역국 따위, 그냥 후루룩 마시면 될 것을. 패배 따위, 깔끔하게 인정하고 다음 기회를 기다리면 될 것을.

새해마다 루틴 하나 정도 만들어 놓는 것도 괜찮을 듯하다. 루틴도 결국 나와의 약속이니까. 잘 만든 습관 하나하나가 쌓이고 쌓여 최소한 1루타는 만들어 내지 않을까. 최소한 연말에 허무하게 '삼진 아웃' 당할 일은 없을 테고. 아무것도 하지 않으면 아무것도 변하지 않는다.

조 매든 감독의 라인업 카드

2015년 10월 22일 미국 시카고 리글리 필드 클럽하우스에 영화 〈록키 발보아〉 OST가 울려 퍼졌다. 당시 시카고 컵스를 이끌던 조 매든 감독의 선택이었다. 내셔널리그 챔피언십시리즈 1, 2차전을 뉴욕 메츠에 내주면서 사기가 저하된 선수들을 독려하기 위함이었다. 안타깝게도 컵스는 3, 4차전도 내리 패했다. 하지만 이듬해 실패를 딛고 컵스는 월드시리즈 왕좌에 앉았다. '염소의 저주'를 깬 108년 만의 우승이었다.

록키 OST 일화에서 엿볼 수 있듯이 매든 감독은 메이저리그에서 괴짜 중의 괴짜로 불린다. 오죽하면 'Mad Maddon(미친 매든)'이라고도 할까.

매든 감독의 기행은 처음 지휘봉을 잡은 탬파베이 레이

스 때부터 도드라졌다. 그는 선수들의 긴장을 풀어 주기 위해 트로피카나 필드 클럽하우스에 DJ를 부르고, 마술사를 데려왔다. 플로리다 수족관에 있던 펭귄 두 마리를 클럽하우스 주변에 풀어놓기도 했다. 펭귄뿐만 아니라 6미터 가량의 뱀까지 초대(?)했다. 매든 감독 스스로는 앵무새를 어깨에 올리고 공식 기자회견장에 나타나기도 했다. 한 탬파베이 코치는 이를 두고 "더 이상할 것도 없다. 그가 무엇을 하든 완전히 새로울 것"이라고 말하기도 했다.

'흥'을 위한 이벤트는 또 있었다. 비행기에서 내릴 때 선수단 전원이 잠옷을 입거나 같은 티셔츠를 입은 적도 있다. 선수들이 전부 머리를 모히칸 스타일로 바꿨을 때는 매든 감독도 따라 했다. 그는 평소 열린 사고로 선수들과 대화하는 것을 즐겼는데, 감독실을 와인바로 꾸며 놓기도 했다. 메이저리그 선수들이 함께하고 싶은 감독 1위로 매든을 꼽은 이유도 그의 이런 자유분방함 때문이었다.

조금은 유별나고 다소 과한 면도 있었지만 매든 감독의 지휘 아래 탬파베이 구단은 만년 꼴찌의 그늘에서 벗어났다. 탬파베이는 1998년 메이저리그에 합류한 이후 2007년까지 뉴욕 양키스, 보스턴 레드삭스 등 아메리칸리그 동부지구 강팀들 틈바구니에서 동네북에 가까웠다. 2004년(4위)을 제외하고 지구 꼴찌(5위)를 도맡아 했다.

하지만 2005년 말 매든 감독이 취임한 이후 조금씩 달라지더니 2008년 지구 1위에 올랐고, 팀 창단 10년 만에 월드시리즈까지 진출했다. 꼴찌 팀의 반란이었다. 매든 감독은 2010년, 2011년, 2013년에도 팀을 포스트시즌에 올려놨다.

매든 감독의 기상천외함은 그라운드 안에서도 이어졌다. 데이터에 감을 녹이는 그는 종종 틀을 깨는 기발한 작전을 쓰고는 했다. 대표적인 것이 경기 중반 만루 위기 때 고의볼넷 지시다. 매든은 LA 에인절스 감독 시절이던 2022년 4월 텍사스 레인저스와 경기에서 4회 1사 만루 때 마운드의 투수 오스틴 워렌에게 코리 시거를 상대로 고의 볼넷을 지시했다. 2:3으로 뒤지고 있던 상황인데 장타를 맞는 대신 1점을 그냥 헌납하는 작전이었다.

메이저리그에서 만루 때 고의볼넷 작전은 이전까지 두 차례밖에 나오지 않았던 터. 이 또한 경기 막판에 이뤄졌었다. 흥미로운 사실은 2008년 있었던 고의 볼넷 작전도 매든 감독이 탬파베이 사령탑 시절 지시했다는 것이다. 2008년, 2022년 경기 모두 매든의 팀이 승리했다는 점도 같다.

비단 고의 볼넷뿐만이 아니다. 매든 감독은 마운드 위 투수를 외야수로 잠깐 돌렸다가 다시 마운드로 올리기도 했고, 야수 자원을 아끼기 위해 투수를 대주자로 기용하기도 했다. 투수 어깨 보호를 위해 점수 차이가 크게 나는 경기 후반에는 야수를 투수로 쓰기도 했다. 이쯤 되면 변칙 작전의 대가라고 할 수 있다.

매든 감독의 선수 경력은 4년간 마이너리그 싱글A(최하위 리그)에서 뛴 게 전부다. 하지만 지도자로서는 꼴찌 팀에 희망을 심어 줬고, 저주에 갇혀 있던 팀을 해방시켰다. 사실 그의 기행적인 면모에는 팀이나 선수 성적이 나지 않았을 때 부정적인 시선을 다른 데로 돌리기 위한 목적도 있었다. 만루 때 고의 볼넷 지시로 선수들의 투지가 살아난 점도 없지 않았다.

매든 감독에 대해서는 〈스포츠일러스트레이티드〉의 야구 전문가 톰 버두치가 2017년 3월 출간한 『컵스 웨이(The Cubs Way)』에 잘 묘사돼 있다. 책의 맨 앞장에는 매든 감독의 월드시리즈 7차전 라인업 카드가 있다.

매든의 라인업 카드는 여타 다른 라인업 카드의 모습과는 다르다. 1번부터 9번까지 포지션별 선수 명단 옆에 (세이버) 매트릭스 숫자가 적혀 있다. 삼진율과 그라운드볼(땅볼) 비율 등이 쓰여 있는데, 삼진율이 30%를 넘기면 빨간

색으로 표기돼 있다. 그라운드볼은 높을수록 짙은 녹색을 띤다. 매트릭스는 상대 투수에 대한 타격 성적인데, 빨강, 핑크, 연파랑, 파랑 등으로 구분해 놨다. 시즌 타율과 비슷한데 3할 이상이면 괜찮다는 것이고, 2할은 안 좋다는 뜻이다. 라인업 카드만 보고서도 상대 투수에 대한 타자의 능력치를 알 수 있게 해 놓은 것이다. 매든 감독은 "난 더 이상 (선수들의) 시즌 타율을 알지 못한다"라고 할 정도로 매트릭스를 신뢰한다. 물론 그가 데이터를 맹신하는 것은 아니다.

흥미를 끄는 것은 카드 안에 적힌 데이터 관련 숫자가 아니다. 그가 깨알같이 약자로만 써 놓은 글들이다. "C+B=L(Courage plus belief equals life, 용기와 신념은 삶과 동등하다)"이나 "DSB(Do Simple Better, '단순하게 더 잘해라' 혹은 '단순한 게 더 나아')" 같은 글자들이 카드 맨 위에 휘갈겨져 있다.

"DNPTPTETP." 이것은 "Do not permit the pressure to exceed the pleasure"의 줄임이다. 직역하면 "즐거움을 상쇄하는 압박을 허락하지 마라"일 것이고, "압박에서 벗어나 경기를 즐겨라"쯤으로 의역할 수 있을 듯하다.

더 자세히 살펴보면 시카고 컵스 라인업과 클리블랜드

인디언스(가디언스) 라인업 사이의 공간에는 "B PRESENT, NOT PERFECT(완벽하게 하려 하지 말고 현재를 살아라)"라고 적혀 있고 그 밑에는 두려움 없이 지도하는 방법을 매든에게 가르쳐 준 스승, 돈 짐머의 이니셜이 쓰여 있다.

카드 곳곳에는 이미 고인이 된 그의 가족이나 친구들의 이니셜도 있다. 2016년 당시 예순두 살의 메이저리그 베테랑 감독은 월드시리즈 우승 여부가 달린 7차전 전후 내내 라인업 카드에 글을 적으면서 마음을 다잡았던 셈이다.

카드에는 이런 문구도 있다. "DNBAFF." 과연 무슨 뜻일까.

"Do not be a fucking fan."

직역하면 "팬처럼 굴지 마"쯤 될 것이다. 왜 매든 감독은 이런 문구를 라인업 카드에 적어 놨을까. 짐작한 그대로다. 아마추어처럼 감정에 휘둘리지 말고 프로답게 냉철하고 이성적으로 경기를 하나하나 풀어 가라는 뜻이다. 때문에 "DNBAFF"라는 글귀 밑에는 곧바로 "PROCESS"라는 말이 강조돼 있다. "과정에 충실하고 미리 결과를 의식하지 마라(Stick to the process; don't worry about results)"의 의미라고 책에는 적혀 있다.

DNBAFF. 이 말만큼 핵심을 콕 찌르는 말이 있을까. 매든 감독은 이 문구를 월드시리즈뿐만 아니라 모든 라인업 카드에 적어 놓았다고 한다. 감독은 '팬'의 입장에서 경기를 운영해서는 절대 안 되니까. 물론 그라운드 안에서는 선수의 팬이 되어서도 안 된다.

컵스의 108년 한을 풀 주문과도 같던 매든 감독의 월드시리즈 7차전 라인업 카드를 보면서 문득 이런 생각이 들었다. 내 삶의 라인업 카드에는 무슨 문구를 써 볼까. "B PRESENT, NOT PERFECT"도 꽤 괜찮은 선택이 될 듯하다.

삶이 완벽할 필요는 없다. 다만 현실을 직시하고, 이에 대처하면 된다. 오늘의 타석에서 어제의 삼진을, 그리고 어제의 홈런을 떠올릴 필요는 없다. 오늘은 오늘의 공을 쳐내면 된다. "Seize the day(오늘을 즐겨라)." 베이브 루스의 말처럼 어제의 홈런이 오늘의 경기를 이기게 해 주지는 않으니까.

10년 전쯤일까. 야구 경기를 취재하러 부산에 갔다. 택시를 타고 기사와 이런저런 대화를 하다가 야구 얘기가 나왔다. "롯데 팬이세요?"라는 내 물음에 택시 기사는 답했다.

"아입니더, 자이언츠 팬입니더. 롯데는 싫습니데이."

순간, '아!' 하는 충격파를 느꼈다. 모두가 그렇지는 않겠지만 '롯데 자이언츠'라는 야구단을 품은 부산 사람 중에서 일부는 '롯데' 언급 자체를 꺼리는구나 싶었다. 하긴 '롯데 자이언츠'는 부산 야구팬에게는 아픈 손가락이다. 열정적 응원을 보내는데 성적은 늘 실망스럽다. 봄에 확 끓어올랐다가 가을이 되면 차갑게 식는다. "야구의 신은 최고의 팬과 최악의 구단을 부산에 내려 줬다"라는 말까지 있다.

롯데는 1982년 프로 첫해부터 리그에 참가한 팀이지

만 2023년까지 정규리그 1위를 한 적이 단 한 번도 없다. 1984년, 1992년 한국시리즈에서 우승하고 2023년까지 우승 트로피를 품지 못했다. 1984년에는 승률 4위 팀이었으나 고 최동원의 오른 어깨를 희생(10일 동안 5경기 40이닝 610개 투구)한 덕에 한국시리즈 정상에 올랐고, 1992년에는 정규리그 3위로 포스트시즌에 올라 '업셋' 우승을 했다.

비단 한국시리즈뿐만이 아니다. KBO 통계에 따르면 롯데는 2023년까지 리그에 참가한 42시즌 동안 단 13차례만 가을야구에 초대됐다. 31.0퍼센트의 확률이다. 물론 10개 구단 중 최저다.

같은 프로 원년 구단인 삼성 라이온즈는 42시즌 중 29차례나 포스트시즌에 올랐다. 제일기획으로 운영 주체가 넘어가기 전인 2015년까지는 일등주의를 앞세워 34시즌 동안 28차례나 가을야구를 했다. 한국시리즈만 17차례 치렀다. 그다음으로는 두산 베어스(42시즌 중 25차례), KIA 타이거즈(해태 시절 포함 42시즌 중 22차례)가 뒤를 잇는다.

롯데의 가을야구 진출 확률은 신생 구단들과 비교해도 턱없이 떨어진다. 2023시즌 정규리그 4위에 오른 9구단 NC 다이노스는 72.7퍼센트의 확률(11시즌 중 8차례)로 포스트시즌에 올랐다. 1군 입성 첫해(2013년)와 2018년, 2021년에만 가을야구를 못했다. 10구단 KT 위즈는 1군 진입 3년 동안(2015~2017년) 꼴찌를 하기도 했으나 9시즌 동안 5차례 포스트시즌에 올랐다. 현대 유니콘스를 인수해 재창단한 키움 히어로즈 또한 2008년부터 2023년까지 9차례 가을야구를 치렀다. 56.3퍼센트의 확률이다.

가을야구 초대 확률 50퍼센트 미만의 구단은 롯데를 비롯해 한화(빙그레) 이글스, LG 트윈스(MBC 청룡 포함)가 있다. 한화는 38시즌 동안 13차례, LG는 42시즌 중 18차례 포스트시즌에 올랐다. 1994년 통합 우승을 마지막으로 우승과 연이 없던 LG는 2023시즌 29년 만에 KBO리그 왕좌에 올랐다.

포스트시즌 성적만 놓고 봐도 롯데의 승률은 5할을 밑돈다. 39승 42패 1무(0.481)를 거뒀다. 삼성(0.441), 한화(0.416)보다는 높지만 KIA(0.594), SSG(SK 시절 포함 0.543), 두산(0.534), KT(0.500), 히어로즈(0.492), NC(0.488), LG(0.486)보다는 낮은 수치다.

흥미로운 것은 관중 동원이다. 한국시리즈 역대 최다 관중은 롯데와 OB(현 두산)가 맞붙었던 1995년에 기록됐는데, 당시 7차전까지 가는 접전에 21만 634명이 몰렸다. 야구장 입석이 있던 터라 경기당 평균 3만 91명을 불러 모았다.

플레이오프, 준플레이오프 역대 최다 관중도 롯데와 관

련이 있다. 플레이오프 최다 관중은 1995년 롯데와 LG 경기로, 경기당 평균 2만 8224명(여섯 경기 16만 9344명)이 야구장에 찼다. 준플레이오프 때는 2010년 두산과 롯데의 경기가 가장 많은 관중을 모았다. 다섯 경기 13만 8천 명으로 경기당 2만 7600명이 운집했다. 롯데의 관중 동원 화력을 보여 주는 지표다. 물론 다른 구단들과 비교해 가을야구를 치르는 빈도수가 적은 탓도 있을 것이다.

안타깝게 롯데는 2023년에도 '가데(가을에 강한 롯데)'가 되지 못했다. 4월만 해도 분위기가 좋았다. 10개 구단 중 가장 승률(0.636, 14승 8패)이 높았다. 5월까지도 승률은 6할이 넘었다. 하지만 그뿐이었다. 저주의 말 같은 '봄데(봄에만 강한 롯데)'란 이름만 덩그러니 남았다.

롯데의 부진은 다소 의외였다. 롯데는 2022시즌이 끝난 뒤 공격적으로 FA 선수를 영입한 터였다. 내내 골칫거리였던 포수 포지션을 유강남(4년 80억 원)으로 채웠고, 내야를 강화하기 위해 노진혁(4년 50억 원)과 계약했다. 한현희(3+1년 40억 원)를 영입해 선발 자리도 맡겼다. 팀 내 예비 FA 신분이던 박세웅(5년 90억 원)도 일찌감치 붙잡았다. 베테랑 신정락, 김상수 등도 영입했다. 우승 적기라는 판단 아래 이뤄진 과감한 투자였다.

그러나 결과가 '7위'였다. 결정적 이유는 외국인 선수들의 부진이었다. 시즌 중반에 댄 스트레일리와 잭 렉스를 퇴출하고, 애런 윌커슨과 니코 구드럼을 대신 영입했지만 분위기를 반전시킬 수는 없었다. 유강남, 노진혁, 한현희 등도 게임체인저는 되지 못했다. 멀어지는 5강에 래리 서튼 감독은 건강상 이유로 8월 말 중도 사임했다. 시즌 중반 내부 코치진 불화설까지 터져 나왔던 롯데였다.

7-10-7-8-8-7. 롯데의 지난 6년간 순위다. 기나긴 암흑기에서 벗어나기 위해 롯데는 팀을 7년 연속 한국시리즈(2015~2021년)로 이끈 김태형 전 두산 사령탑을 영입했다. 롯데가 다른 구단의 우승 사령탑을 영입한 것은 이번이 처음이다.

롯데의 선택은 과거를 고려할 때 다소 파격적이다. 롯데는 사령탑 선임에서 '과감'보다는 '안전'한 길을 택해 왔기 때문이다. 어쩌면 국내 프런트 경험이 전혀 없던 성민규 단장 영입 때부터 롯데의 변화는 시작됐을지도 모른다. 그러나 경험 부족의 성 단장은 실패했고, 이제 롯데는 경험 많은 현장 감독에게 기대를 건다.

짧은 선수 생활 뒤 은퇴해 메이저리그 스카우트로만 있던 성 단장과 달리 김태형 감독은 프로 선수부터 코치, 사령탑까지 국내 야구에서 잔뼈가 굵은 이다. 곰 같지만 여우 같은, 카리스마 넘치는 감독이다.

누구나 실패는 한다. 하지만 실패 속에서 한걸음씩 나아가지 않으면 제자리에서 더 나아갈 수 없다. 더 늦기 전에 부산에도 가을이 왔으면 좋겠다. 자이언츠 팬, 아니 롯데 팬의 그 열정이 응답받는 날이 이른 시일에 왔으면 좋겠다.

공 못 던지던 포수, 최형우

헉, 1루 주자가 2루로 뛴다. 재빨리 미트에서 공을 빼서 2루로 던졌다. 아뿔싸. 공은 '또' 중견수 쪽으로 굴러갔다. 2루수도, 투수도 어이없는 표정으로 그를 빤히 쳐다봤다. 얼굴이 화끈거려 고개를 푹 숙이고 한쪽 발로 흙만 찼다. 공을 못 던지는 포수. 한때 그를 괴롭히던 트라우마였다.

1루로 수비 포지션을 옮겨도 마찬가지였다. 이번엔 공이 포수 뒤 백네트 쪽으로 날아갔다. 외야는 더 심각했다. 낙구 지점을 못 잡고 이리저리 허둥댔다. 등 뒤로 넘어가는 공은 아예 잡을 엄두도 나지 않았다. '제발 타구가 나에게 오지 말았으면…' 하기도 했다. 그 정도로 그의 수비 능력은 평균 이하였다. 하지만 훈련하고 또 훈련했다. 프로 선수 모습을 갖추기 위해 안간힘을 썼다. 2016년 자유계약 100억 원 시대를 연 최형우(KIA 타이거즈) 얘기다.

나이 열아홉에 그는 프로 선수가 됐다. 삼성 라이온즈가 2차 6라운드 48순위로 그를 뽑았다. 전주고 3년(1999~2001년)간 성적은 타율 0.313(48타수 15안타) 3홈런 9타점. 전국대회 우승은 없었다. 그는 "야구에 대한 열정이 그리 크지는 않았다"고 말한다. 실력에 대한 의심은 없었지만 딱히 프로로 꼭 가고 싶다고 생각한 것도 아니었다. "당연히 '야구선수로 성공해야지' 하는 마음도 없었어요. 성취감 같은 것을 느껴 본 적도 없고, 프로에 대한 갈망이 없던 거죠. 롤모델도 없었고요."

야구 유니폼이 멋있어 보여서 시작했던 야구. 중·고등학교 때는 야구 하기가 싫어서 도망을 다니기도 했다. 전주에서 서울까지 올라와 이틀 동안 지인의 집에서 칩거하다가 붙잡혀 끌려 내려가기도 했다. 일견 대학에 진학하고 싶은 마음도 있었다. 하지만 집안 사정이 여의치 않았다. 삼형제 중 맏이인 그는 돈을 벌어야 했다. 프로 계약금 5000만 원. 삼형제를 키우느라 고생만 하신 어머니의 주름진 얼굴을 그나마 펴 드릴 수 있는 거액이었다. 5000만 원은 그렇게 그가 야구를 시작해 처음 번 돈이 됐다.

등번호는 43번. 아마추어 때는 10번, 22번을 달았는데 프로에서는 그냥 남아 있는 번호를 받았다. 프로 유니폼을 입고 경험한 첫 내야 수비 훈련. 1루에는 양준혁, 3루에는 김한수가 서 있었다. 대선배들 앞에서 열아홉 살 새내기의 팔은 그만 얼어붙었다. 공포심마저 엄습하며 공을 제대로 던질 수가 없었다. 아마추어 때는 전혀 이상이 없던 송구. 하지만 프로 들어와서는 똑바로 날아가는 공이 없었다. "포수도 보고 1루수도 보고 그랬는데 엉망이었어요." 실수가 반복될수록 심리적 부담감 때문인지 송구가 더 나빠졌다. 주위에선 "어깨가 고장 났다"며 수군댔다.

그래도 2군에서 방망이는 곧잘 쳤다. 2004년 타율 0.287에 이어 2005년에는 2군에서 처음으로 3할 타율(0.322)을 기록했다. 그래서 방출될 것이라고는 꿈에도 생각하지 못했다. "시즌이 끝날 즈음이었어요. 그날이 방출 명단이 나오는 날이었는데 다른 동료들은 오후 5~6시 즈음에 전화를 받았어요. 후배들이 팀을 떠난다고 전화를 해 와서 위로도 해 주고 그랬죠. 그런데 오후 9시 넘어서 2군 매니저한테 전화가 온 거예요. 방출 통보를 받고 그저 멍하니 있었어요. 텔레비전을 켜 놓고 그대로 앉아만 있었죠. 진짜 앞이 까마득했어요. 마지막에 애국가가 흘러나오고 화면이 지직거리는데도 그렇게 있었어요. 그때는 진짜 인생이 끝난 줄 알았거든요."

최형우가 방출되기 전 4년(2002~2005년) 동안 1군에서 거둔 성적은 6경기 출전, 7타수 2안타(2루타 2개). 홈런은 하나도 없었다. 같은 기간 2군 성적은 타율 0.291(592타수 172안타), 8홈런 85타점이었다. 네 시즌 동안 2군에서도 홈런을 한 시즌 평균 2개꼴로 칠 정도로 파워는 약했다. 최형우는 "그때는 타성에 젖어 있었다"고 반성한다.

삼성에서 방출되고 막노동 등 소일거리를 하던 그는 '밑져야 본전' 식으로 그해 처음 창설된 경찰청 야구단에 지원서를 냈다. 구단에서 방출당한 선수가 합격하기에는 어려워 보여서 꾀를 내 경쟁률이 낮았던 포수로 지원했다. 다행히 실기 테스트는 문제가 없었다. 실전 경기가 아니었기 때문에 공도 똑바로 날아갔다. 하지만 감독을 속였다는 무거운 마음에 합격 뒤 그는 김용철 당시 경찰청 감독을 찾아가 용서를 구했다. "저 사실 포수 못합니다…." 다행히 김 감독은 그런 그를 이해해 줬고 경찰청에서 외야수로 변신할 기회를 줬다.

외야 수비는 시련 그 자체였다. 스스로도 "가관이었다"고 말할 정도로 형편없었다. 대신 방망이는 불을 뿜었다. 2006년 타율 0.344를 기록했고 2007년에는 타율이 0.391까지 올랐다. 홈런 개수도 비약적으로 늘어나 2006년 11개, 2007년 22개를 기록했다. 타격 정확성과 장타력을 갖

춘 왼손 거포로 거듭난 것이다. 2007년 2군에서 7관왕(도루 제외 타격 전 분야)에 오른 그는 삼성과 재계약하며 원래 있던 자리로 돌아왔다. 그리고 야구를 시작한 뒤 처음으로 꿈이 생겼다. "비록 2군 기록이었지만 자신감이 생겼던 것 같아요. 이제 1군에서 붙어 볼 수 있겠구나 싶었죠."

등번호는 34번으로 바꿨다. 34번은 그의 오른팔에 가족 이름과 함께 문신으로 새겨져 있기도 하다. KIA 타이거즈로 이적하면서도 그는 34번을 달았다. "번호에 너무 애착이 생겨서 바꿀 마음이 없었다"고 한다. 우연찮게도 34번은 그가 맨 처음 삼성에서 달았던 43번을 뒤집은 숫자다. 등번호처럼 그의 야구 인생도 경찰청 입단 전후로 180도 바뀌었다.

2008년 4월 1일, 2:2로 팽팽하던 10회초 1사 1루. 최형우는 LG 투수 정재복을 상대로 우월 투런포를 날렸다. 재계약 뒤 첫 시즌 네 타석 만에 터뜨린 안타가 결승홈런이었으니 오죽 기뻤을까. 경기 뒤 인터뷰에서 그는 목소리에 힘을 주고 말했다. "제 이름을 기억해 주세요!" 도대체 어디서 그런 호기가 나왔을까. 그는 사실 놀이기구도 못 타고 번지점프는 쳐다보지도 못하는 겁 많은(?) 거포인데 말이다. "프로 데뷔 첫 1군에서의 홈런이기도 해서 너무 기뻐서 혼자 들떴던 것 같아요."

하지만 거짓말처럼 '최형우'라는 이름은 이후 야구팬들의 뇌리에 서서히 스며들어 갔다. 타율 0.276, 19홈런 71타점. 데뷔 6년 만에 만 스물다섯 살의 최고령 나이로 신인상을 받았고 억대 연봉자(1억 원) 반열에도 올랐다. 2011년에는 홈런 1위(30개), 타점 1위(118타점), 타율 2위(0.340)의 성적을 내면서 삼성의 한국시리즈 우승을 이끌었다. 최형우 자신도 야구 인생 처음으로 겪는 우승이라 "이래서 다들 우승이라는 것을 하고 싶어 하는구나" 싶었다. 라이온즈 소속으로 네 차례 우승을 경험하는 동안 어머니께 집을 사드렸다. 어머니는 "고맙다"라는 말씀만 하셨다.

최형우는 2016시즌이 끝난 뒤 자유계약 신분을 얻어 총액 100억 원(계약금 40억 원, 연봉 15억 원)에 계약했다. FA 선수 사상 최초의 세 자릿수 계약이었다. 2015년 초 "120억 원을 받는 선수가 되고 싶다"고 말했다가 악플에 시달리기도 했으나 "후회는 없다"고 말한다. "120억 원 가치의 선수가 되자"라는 의미에서 말한 것이기 때문이다.

최형우는 말했다. "스물세 살 때 방출되고 악착같은 면이 생겼어요. 소극적인 성격도 바뀌었죠. 사실 경기 끝나고 숙소 돌아가면 많이 아플 때도 있었어요. 하지만 절대 운동장에서는 내색하지 않았고 경기는 절대 빠지지 않았죠. '나 자신하고는 타협하지 말자'는 최면을 계속 걸었어요. 남들이 뭐라고 하든 나 자신한테 약해지지 말자고 다짐하고 또 다짐했죠. 다시는 내쳐지지 않기 위한 몸부림이었는지도 모르겠어요."

최형우는 두 번째 FA 계약도 KIA와 함께했다. 성실한 성격으로 타이거즈 후배들의 귀감이 되고 있다. 최형우는 "과거에는 내일에 대한 확신이 없었다. 힘든 하루를 보내고 나면 엄청난 스트레스에 시달렸다"며 "이젠 나이를 먹으면서 좀 더 여유로워지는 법을 알게 됐고 언제나 내일이 있다는 것을 깨달았다"고 말한다. 그의 통산 성적(2023년 현재)은 2065경기 출전, 타율 0.312(7452타수 2323안타), 373홈런, 1542타점, 1224득점. 특히 통산 타점은 나날이 리그 기록을 경신 중이다.

야구만큼 실패와 좌절의 스포츠도 없다. 그러나 실패 안에서 한 발자국, 한 발자국 앞으로 나아갈 방법을 터득한 이는 언젠가 빛을 본다. 최형우가 그 증거다.

야구의 새 패러다임, 오타니 쇼헤이

A는 왼손 타자다. 2023시즌 599타석에 서서 타율 0.304(497타수 151안타) 44홈런 95타점을 기록했다. OPS(출루율+장타율)는 1.066에 이른다. 도루도 스무 번을 성공시켰다. 홈런왕은 그의 몫이었다.

B는 오른손 투수다. 2022시즌 성적(15승 9패 평균자책점 2.33)에는 못 미쳤으나 10승 5패 평균자책점 3.14를 기록했다. 132이닝을 던지면서 삼진은 167개를 잡아 냈다. 그의 속구 최고 구속은 시속 165킬로미터에 이른다.

눈치챘는가. 왼손으로 '잘 치는' A와 오른손으로 '잘 던지는' B는 동일인물이다. 오타니 쇼헤이. 그는 현대 야구의 '게임체인저'다.

오타니 야구의 시작은 주말 리틀야구부터였다. 미쓰비시

사회인 야구팀에서 뛰다가 부상으로 은퇴한 뒤 공장 노동자로 일했던 아버지(오타니 도루)는 일을 쉴 때는 아들들(쇼헤이와 그의 형 류타)과 캐치볼 하는 것을 즐겼다.

오타니는 여덟 살 때부터 리틀야구에서 뛰었고 야구를 하는 주말을 손꼽아 기다리고는 했다. 지역(이와테현 오슈시) 특성상 요미우리 자이언츠 중계만 볼 수 있던 탓에 요미우리 외야수 마쓰이 히데키를 동경했다. 어린 시절만 해도 오타니는 "야구는 그저 취미일 뿐"이라고만 생각했고 "나보다 잘하는 야구선수가 더 많다"라고 느꼈다.

그러나 하나마키히가시고로 진학한 이후 그의 야구 인생은 바뀌었다. 체격(키 193센티미터)이 커지면서 공 끝에 힘이 실렸다. 하루에 밥 열두 공기를 챙겨 먹던 시기였다. 열여섯 살에 시속 153킬로미터의 공을 던졌고 이듬해에는 시속 159킬로미터가 스피드건에 찍혔다.

햄스트링 부상 등으로 투구 폼이 흐트러지는 시기도 있었지만 그의 구속은 미국 구단들의 시선을 끌기 충분했다. 다저스를 비롯해 텍사스 레인저스, 보스턴 레드삭스 등이 그의 영입에 눈독을 들였다. 오타니 또한 "미국에서 뛰고 싶다"면서 일본 구단들한테 자신을 신인드래프트 때 지명하지 말아 달라고 요청했다. 일본 프로야구에서는 신인드래프트 대상 고졸 선수가 그를 지명한 일본 구단과 계약하지 않고 미국으로 진출할 경우 향후 일본 리그로 돌아올 때 3년간 출장이 제한(대졸은 2년)된다.

그러나 닛폰햄이 신인지명 1라운드 때 12개 팀 중 유일하게 오타니를 선택하면서 상황은 달라졌다. (일본은 12개 구단이 동시에 1순위 선수를 적어 내며, 복수의 구단이 한 선수를 지명했을 때는 추첨을 한다.) 야마다 마사오 당시 닛폰햄 단장은 "드래프트는 계약할 수 있는 선수를 뽑는 게 아니라 최고의 선수를 선택하는 것이다. 그것이 우리의 스카우트 방식"이라고 오타니 지명 이유를 밝혔다.

미국행 의지가 컸던 오타니의 마음을 돌리기는 쉽지 않았다. 일본 야구계 안팎에서도 회의적인 시선이 많았다. 하지만 닛폰햄은 적극적으로 나섰다. 미국 진출 일본 선수들의 유형을 분석한 자료와 함께 오타니의 메이저리그 진출을 위한 로드맵까지 보여 줬다.

닛폰햄이 준비한 자료 중에는 버스를 이용한 긴 원정길, 관중 없는 텅 빈 구장, 형편없는 숙소 등 마이너리그 선수들의 실상을 적나라하게 보여 주는 비디오도 포함돼 있었다. 가장 매력적인 제안은 '투타 겸업'이었다. 아주 높은 성공 확률로 메이저리그 직행을 원한 오타니의 마음은 움직였다.

분업화 · 전문화된 현대 야구에서 오타니처럼 투수와 타자를 겸업하는 프로 선수는 없다. 선발투수가 4~5일의 휴식 없이 불펜투수로 마운드에 오르는 것조차 '혹사'라며 입길에 오르는 시대다. 투타 겸업은 부상 확률도 높아 투자적 가치로 봐도 위험하다. 지명타자 제도가 없는 일본 프로야구 센트럴리그에서는 투수가 타석에 서지만 투타 겸업은 아니다.

오랜 역사의 메이저리그에서도 투타 겸업으로 성공한 선수는 드물다. '홈런왕' 베이브 루스가 가장 많이 회자되는데 이 또한 1910년대 후반의 일이었다. 루스는 보스턴 레드삭스 시절 1916년 23승 12패 평균자책점 1.75, 1917년 24승 13패 평균자책점 2.01의 성적을 냈다. 1917년에는 타자로도 100타석 이상 섰으나 두드러진 성적을 내지는 못했다.

뉴욕 양키스로 트레이드된 뒤에는 홈런타자로 두각을 나타내며 1921년 59홈런, 1927년 60홈런을 때려 냈다. 양키스 때는 투수로 단 다섯 차례만 마운드에 올랐다. 루스의 22시즌 통산 기록은 '투수'로는 163경기 등판(선발 147경기), 94승 46패 평균자책점 2.28, '타자'로는 2503경기 출전, 타율 0.342, 714홈런 2214타점이다.

'투수 오타니'의 최대 장점은 빠른 공이다. 오타니는 2016년 10월 열린 퍼시픽리그 클라이맥스 시리즈에서 구원투수로 등판해 시속 165킬로미터의 공을 던졌다. 이는 2021년 요미우리 자이언츠의 티아고 비에이라가 시속 166킬로미터를 던질 때까지 일본 프로야구 역대 최고 구속이었다.

오타니의 빠른 공은 속구처럼 날아오다가 타자 앞에서 뚝 떨어지는 포크볼 등과 곁들여지며 더욱 위력을 발휘한다. 2015년 열린 프리미어12 때 오타니를 지켜봤던 김인식 당시 대표팀 감독은 "오타니는 공도 빠르고 포크볼도 좋았다. 슬라이더, 커브까지 간간이 던졌는데 90년대 이후 일본 최고의 투수가 아닌가 싶다"라고 했다. 속구, 포크볼과 함께 오타니는 스위퍼, 싱커 등도 던진다. 구종을 점점 늘려 가면서 언터처블이 되고 있다.

'타자 오타니'의 매력은 장타력이다. 닛폰햄 스카우터 오후치 다카시는 〈블리처 리포트〉와의 인터뷰에서 "오타니가 3학년 때 봄 고시엔에서 고교 맞수 후지나미 신타로를 상대로 홈런을 때려 냈는데 그처럼 완벽하고 아름다운 홈런을 여태 본 적이 없다"며 "긴 팔 때문에 투구 밸런스가 흐트러지는 점이 있었으나 타격 메커니즘은 그때부터 완벽했다"라고 평했다.

발 또한 느리지 않다. 메이저리그 한 스카우터는 〈스포츠일러스트레이티드〉와의 인터뷰에서 "왼쪽 타자 박스에서 1루까지 뛰어가는 데 3.89초밖에 걸리지 않는다"라고 했다.

구단이나 감독의 배려도 있으나 투타 겸업을 완성하는 것은 결국 오타니의 노력이다. 던지고 치는 훈련을 병행해야 해서 다른 선수들보다 두 배는 더 훈련해야 한다. 그래도 오타니는 지친 기색이 없다. "전혀 힘들지 않다"라고 말한다.

일본 프로야구에서 활약하던 때 오타니는 팀 기숙사 생활을 하면서 식사, 체력 훈련 등을 구단 시설에서 소화했다. 술·담배도 일체 하지 않았다. 취미 생활은 스포츠 관련 영화를 보거나 훈련 방법이나 식이요법에 관련한 책을 읽는 것. 반신욕과 낮잠도 좋아하지만 클럽 출입은 전혀 하지 않는 '모범 생활 사나이'다. 쓰레기는 남이 버린 운이라며 더그아웃 안팎에서 열심히 쓰레기를 줍는다. 25억 원 이상의 연봉을 받을 때도 그의 용돈은 100만 원 남짓에 불과했다. 그는 "돈을 위해 야구를 하는 게 아니"라고 말한다.

고교 1학년 때 세운 만다라트 계획표(일본의 한 디자이너가 개발한 목적을 달성하는 기술)대로 오타니는 현재 시속 160킬로미터의 공을 던지며 포크볼 또한 완성했다. 제구와 구위를 가다듬고 몸 만들기도 게을리하지 않으며 2017년 12월 LA 에인절스와 계약하며 메이저리그 진출을 이뤄 냈다.

오타니는 만다라트 계획표 외에 따로 세운 야구 계획표가 있는데 계획표대로 그는 2023년 월드베이스볼클래식(WBC) 일본 대표로 나가 우승을 차지하고 MVP에도 뽑혔다. 리그 MVP는 그의 계획처럼 스물일곱 살(2021년)에 차지했다. 오타니는 2021년에 이어 MLB 역사상 처음으로 '10승-40홈런'을 기록한 2023년에도 아메리칸리그 MVP에 선정됐다. 그는 MLB 역사상 만장일치로 두 번이나 MVP를 받은 최초의 선수다.

그의 계획표에는 월드시리즈 우승도 있다. 하지만 그는 메이저리그 6년 동안 단 한 번도 포스트시즌 무대를 밟아 보지 못했다. 반면, 그가 2023년 12월에 10년 7억 달러(9240억 원)에 계약한 LA 다저스는 지난 11시즌 동안 10차례 내셔널리그 서부지구 우승을 차지했다. 지난 6시즌 중 5시즌 동안 100승을 돌파했고, 2020년 월드시리즈에서 우승했다. 오타니의 오랜 꿈을 이뤄 줄 수 있는 구단이 다저스라는 점은 부인할 수 없다.

오타니는 현대 야구에서 누구도 가 보지 않은 길을 택했고, 그 길에서 성공을 거두며 새로운 패러다임을 제시했다. 그리고 북미 스포츠 역사상 처음으로 '7억 달러' 몸값을 만들어 냈다. 야구 혁명가로도 불리는 오타니 말로 글을 갈무리한다. 어쩌면 우리는 분업화 속에서 야구의 본질을 잊고 있었지는지도 모른다.

"치고 던지는 것. 그것이 내가 아는 유일한 야구다. 한 가지만 하고 다른 하나를 하지 않는 것은 나에게 부자연스럽다. 다른 이들이 하지 않는 것(투타 겸업)을 하는 것이 재주일 수도 있다. 하지만 그것은 나에게는 그냥 자연스러운 일일 뿐이다."

"야구로 성공할 이름입니다"

언니, 오빠는 어릴 적부터 이름이 불만이었다. 오빠는 한 번 들으면 절대 잊을 수 없는 이름이고, 언니는 잘못 발음하면 분위기가 어색해질 수 있는 이름이다. 주위 사람들이 두 이름을 듣고 "응?" 했던 적이 한두 번이 아니다.

사람들에게 이름이 알려져야만 하는 직업을 가진 오빠는 이제 자기 이름에 만족한다. 언니는 아니다. 계속 개명을 고민했는데 대학을 졸업하고 기업에 취직하면서 점점 이름을 바꾸기 어려워졌다. 사회의 한 구성원으로 이름이 박제됐기 때문이다. 명함에 박힌 이름을 고치기란 쉽지 않다. 28년 차 회사원이라면 더욱.

야구선수는 오죽할까. 한 해 한 해 활약이 활자로 기록으로 남는데, 이름을 바꾼다는 게 쉽지 않아 보인다. 그런데도 KBO리그 출범 이후 2023시즌까지 개명한 선수는 110명이 넘는다. 대표적으로 손아섭(NC 다이노스), 한유섬(SSG 랜더스) 등이 이름을 바꿨다.

손아섭은 2008시즌 직후 '손광민'에서 '손아섭'으로 개명했다. 이후 2009년에는 부진했으나 2010년부터 풀타임 주전으로 활약하면서 스타플레이어로 발돋움했다.

'손광민'일 때 그의 성적(2007~2008시즌)은 타율 0.299(224타수 67안타) 3홈런 2도루에 불과했다. 하지만 '손아섭'일 때 그의 성적(2009~2023시즌)은 0.323(7276타수 2349안타) 171홈런 224도루에 이른다. 완전히 다른 선수가 됐다. 이런 성적을 바탕으로 2017년 말 롯데와 4년 98억 원의 FA 계약을 했고 2021년 말에는 NC와 4년 64억 원의 계약을 했다. 2023년에는 타율, 최다 안타 1위에 오르기도 했다. 작명소에서 "야구로 성공할 이름"이라고 했다는데 맞는 것 같다.

한유섬은 2021시즌에 앞서 결단을 내렸다. '한유섬'이라면 다소 생소해 보일지 모르지만, 'SK 와이번스 한동민'이라면 고개가 끄덕여진다.

유튜브 등에 '한동민'을 검색하면 2018년 플레이오프 5차전 연장 10회말 끝내기 홈런 장면이 나온다. 구단 공식

채널인 '쓱튜브'에서만 이 장면은 45만 회 이상 재생됐다. 정우영 SBS스포츠 아나운서가 목이 터져라 "굿바이, 굿바이, 굿바이"를 외친 뒤 "한동민이 넥센(현 키움) 히어로즈에 작별을 고합니다"라고 말한다. 야구팬이라면 절대 잊을 수 없는 장면이다. 한국야구사 한 페이지를 장식한 드라마틱한 장면을 연출했던 그인데, '한동민'이라는 이름은 더 이상 없다. 덩달아 '동미니칸(동민+도미니카)'이라는 별명도 사라졌다.

그가 이름을 바꾼 이유도 부진 때문이다. 2019시즌, 2020시즌에 성적이 너무 좋지 않았다. 2019시즌에는 12홈런밖에 치지 못했다. 2020시즌에는 오른 정강이, 왼쪽 엄지손가락 부상이 이어지면서 62경기만 출전했다. 그는 고민 끝에 이름을 바꾸기로 결심했다. 처음에는 장난처럼 작명소에서 이름을 받아 왔지만 이후 "마음가짐을 새롭게 하기 위해" 31년 가까이 불렸던 이름을 버리기로 했다. 등번호까지 62번에서 35번으로 바꿨다. 야구단 주인도 SK에서 신세계로 달라졌으니 그의 야구 인생은 완전히 터닝 포인트를 맞은 셈이다.

한유섬은 2021시즌 31홈런을 몰아쳤고, 이듬해 SSG의 '와이어 투 와이어(개막 날부터 마지막 날까지 계속 1위를 유지하는 것)' 통합 우승까지 이끌었다. 2021시즌이 끝난 뒤에는

SSG와 5년 60억 원의 다년 계약을 했다.

손아섭, 한유섬뿐 아니라 강로한, 장시환, 최원준, 진해수, 오주원, 김세현 등이 이름을 바꿨다. 한유섬의 팀 동료인 오태곤도 예전에는 '오승택'으로 불렸다.

배정대(KT 위즈)도 2014년 '배병옥'으로 프로 입단 뒤 이렇다 할 활약을 보이지 못했다. 하지만 경찰 야구단에서 뛰며 2018년 말 개명했고 '배정대'로 뛴 두 번째 시즌(2020년)에서 전 경기(144경기)를 소화하면서 타율 0.289, 13홈런 65타점 88득점의 성적을 남겼다. '배정대'라는 이름을 확실히 각인시키는 활약이었다.

한국뿐만 아니라 미국 프로야구 메이저리그에서도 이름을 바꾼 사례가 더러 있다. 물론 이유는 다르다. 동서양의 문화 차이랄까. 2008년 빅리그에 데뷔한 베네수엘라 출신의 펠리페 리베로는 2018시즌 직전 펠리페 바스케스로 등록명을 바꿨다. 2017년 말 피츠버그와 4년 2200만 달러의 연장계약을 하는 데 여동생(프레실라 바스케스 코스메)이 큰 역할을 해 준 것에 고마운 마음에서 이름을 공유했다. 하지만 바스케스는 이후 아동 성범죄 혐의 등으로 몰락의 길을 걸었다.

추신수(SSG 랜더스)와 한때 한솥밥을 먹었고 2007년 사이영상 투표 4위에도 올랐던 파우스토 카르모나는 2012시즌 로베르토 에르난데스로 이름이 바뀌었다. 2012년 1월 도미니카에서 기소됐는데 그의 진짜 이름이 '파우스토 카르모나'가 아니라 그보다 세 살 많은 '로베르토 에르난데스'라는 사실이 들통났다. 중남미 선수의 여권 위조는 당시 공공연한 비밀이었다. 한 살이라도 더 어려야만 메이저리그 구단에 잘 스카우트됐기 때문. 파우스토 카르모나(6시즌 934와 2/3이닝 투구, 평균자책점 4.59)였을 때나 로베르토 에르난데스(5시즌 423과 2/3이닝 투구, 평균자책점 4.63)였을 때나 그의 성적은 비슷했다. 이름값이나 이름으로 투구하는 것은 아니니까.

다시 언니의 이야기. 언니는 이미 개명을 예고했다. 조건은 있다. "회사를 그만둔 뒤"라고 했다. 가족은 개명에 찬성하는 입장이다. 이름을 바꾼다고 해도 누군가의 딸이고, 누군가의 아내이며, 누군가의 엄마이고, 누군가의 언니인 사실은 변하지 않는다. 다만 언니는 퇴사 이후 새 마음, 새 뜻으로 새 관계 맺기를 하고 싶은 것일 테다.

이름을 바꾼다고 그 본연의 모습이 사라지지는 않는다. '이름'이 아닌 '사람'이 중요한 이유다. 사실 손아섭이나 한유섬, 배정대 등이 야구 인생 전환기를 맞은 이유는 이름을 바꿨기 때문이 아니라, 성실 근면한 본연의 야구 자세 때문이었다. 그들의 절실함이 개명으로 이어졌고 부모가 지어 준 이름까지 바꿀 정도의 간절함을 밑바탕 삼아 정글 같은 야구판에서 우뚝 섰다. 이름은 그저 고유명사일 뿐이다.

로베르토 클레멘테의 유산

로베르토 클레멘테는 1934년 8월 18일, 푸에르토리코 캐롤리나에서 사탕수수 공장을 감독하던 이의 일곱 자녀 중 막내아들로 태어났다. 그와 형제들은 종종 아버지를 도와 물건을 트럭에 싣고 내리는 일을 했다.

야구 선수가 되기 이전에는 육상에서 먼저 재능을 보였다. 고교 시절 높이뛰기와 창던지기에 두각을 나타냈고, 올림픽 출전 가능성도 있었다. 하지만 그의 선택은 야구였다. 창던지기 경험은 훗날 그가 야구를 할 때 물리학적으로 어떻게 몸을 써야 하는지를 익히는 데 많은 도움이 됐다.

클레멘테의 우상은 몬테 어빈이었다. 어빈은 메이저리그에 모습을 드러낸 아프리카계 미국인 중 한 명이었다. 그는 푸에르토리코에서 겨울을 보내며 산후안 세너터스 소속으로 경기를 뛰었는데 클레멘테와 친구들은 그의 가방을 들어 주는 대신 무료로 경기를 관람하고는 했다. 어빈은 늘 친절하던 클레멘테에게 공과 장갑을 선물하기도 했다.

클레멘테의 재능을 맨 먼저 알아본 이는 브루클린 다저스 스카우트였다. 스카우트 알 캄파니스는 클레멘테를 "내가 본 최고의 운동선수"라고 칭하기도 했다. 다저스 구단이 클레멘테에게 제안한 액수는 리그 최저 연봉인 5000달러와 1만~1만 5000달러의 보너스였다. 이후 브레이브스까지 참전했다. 브레이브스는 그에게 다저스보다 두 배 많은 3만 달러를 제시했다. 클레멘테는 망설이다가 부모님께 조언을 구했다. 그때 그의 부모님은 먼저 약속한 사람과 계약할 것을 권했다. 그만큼 신의를 중시했다.

다저스 유니폼을 입고 1954년부터 시작된 미국 생활은 험난했다. 인종 차별이 만연한 시대였기 때문이다. '너무 많은 소수자(흑인)'가 백인 선수와 팬들을 화나게 할 수도 있다는 우려까지 나왔다. 경기 출전 기회도 많지 않았다. 버지니아주 리치먼드에서는 클레멘테를 비롯해 흑인 선수들이 별도의 호텔에서 숙박해야만 했다. 재키 로빈슨이 메이저리그 흑백의 장벽을 깬 뒤 7년이 넘는 시간이 흘렀음에도 그러했다.

클레멘테는 1954년 11월 22일, 피츠버그 파이리츠로 트레이드됐다. 이후 1955년 4월 17일, 라틴아메리카 출신 흑인 야구선수로는 최초로 피츠버그 파이리츠 유니폼을 입고 메이저리그에 데뷔했다. 지역 언론을 비롯해 일부 팀 동료는 라틴아메리카 출신의 흑인 선수에 그다지 호의적이지 않았다. 영어에 서툰 데다가 조용하고 내성적인 성격이었으니 오죽했을까. 타석에 설 때마다 그에게는 야유가 쏟아졌다. 그럴 때마다 클레멘테는 단호하게 "나는 색깔을 믿지 않는다"고 말했다. 더불어 "나는 자라면서 인종에 따라 누군가를 차별하지 말라고 배웠다"라고도 했다. 당시 그의 나이 만 스무 살이었다.

신인 시절 그는 오프 시즌 때 고향에서 당한 차 사고 때문에 여러 차례 경기에 결장했다. 술에 취한 과속 운전자가 교차로에서 그의 차를 들이받았다. 허리 통증으로 그는 특정 유형의 공을 치는 데 어려움을 겪으며 타율 0.255로 루키 시즌을 마쳤다. 프로 2년 차였던 1956년 7월 25일에는 9회말 만루 상황에서 끝내기 인사이드더파크홈런(타구가 담장 밖으로 넘어가지 않았는데도 홈런이 된 타구)을 터뜨리기도 했다. 1900년 이후 메이저리그 최초의 기록이었다.

클레멘테가 타격 재능을 꽃피운 것은 1960년 이후였다. 1960년, 남부럽지 않은 성적으로 팀을 월드시리즈 우승으로 이끌고도 시즌 MVP 투표에서 8위까지 밀린 것을 안 뒤 이를 더욱 악물었다. 수상은 몰라도 2~3위 정도는 할 줄 알았기 때문이다. 그는 1960년부터 1972년까지 13시즌 동안 1968년 한 차례만 제외하고 3할 이상의 타율을 기록했고, 네 차례나 내셔널리그 타격왕(1961년, 1964년, 1965년, 1967년)에 올랐다. 1966년에는 타율 0.317, 29홈런 119타점의 성적으로 리그 MVP에 뽑혔고, 수비 기준으로 뽑는 골드글러브는 12년 연속으로 받았다. 월드시리즈에서는 두 차례 우승했다.

최고의 위치에 올랐어도 그를 바라보는 시선은 여전했다. 스포츠 기자들은 그를 조금 더 미국인처럼 보이도록 하기 위해 "밥(Bob)" 혹은 "바비(Bobby)"라고 불렀다. 야구카드에도 "밥 클레멘테"라고 적혔다. 클레멘테는 확실하게 거부감을 표시했다. 그는 인터뷰 동안 기자들이 자신을 "밥"이라고 부르면 "제 이름은 로베르토 클레멘테입니다"라며 바로잡고는 했다. 메이저리그 '명예의 전당' 서술에 따르면 클레멘테는 자신을 "밥" 혹은 "바비"라고 부르는 것이 푸에르토리코와 라틴계 유산을 무시하는 것이라고 느꼈다. 그의 불만에도 불구하고 인쇄물에 클레멘테를 밥으로 표현하는 관행은 1960년대 내내 계속됐다.

클레멘테는 오프시즌 때마다 남아메리카에서 자선활동을 이어 갔다. 서른여덟 살의 나이에 통산 3000안타(역대

11번째)를 기록했던 1972년 시즌 뒤에도 마찬가지였다. 12월 23일 니카라과 수도 마나과에 강진이 발생하자 그는 즉시 응급구조 비행기를 수소문해 의료품과 식료품을 보냈다. 마나과는 그가 3주 전 방문한 곳이기도 했다.

하지만 세 차례나 보냈던 구호 물품이 부패한 지역 관리에 의해 모두 빼돌려졌다는 사실을 알게 된 뒤 자신이 직접 니카라과행 화물 수송기에 올라탔다. 그때가 12월 31일이었다. 그러나 그가 전세 낸 화물기는 기계적인 결함이 있었고 비행 인력도 부족했다. 너무 많은 짐을 실은 것도 문제였다. 클레멘테가 탄 비행기는 1973년이 되기 세 시간 전 대서양에 추락했고, 그의 시신은 끝내 수습되지 못했다.

메이저리그는 1973년부터 사회 공헌에 이바지한 선수에게 '로베르토 클레멘테 상'을 수여하고 있다. 그는 메이저리그 명예의 전당뿐만 아니라 미국 해병대 명예의 전당(클레멘테는 현역 생활 중 해병대에서 6개월 복무했다)에도 헌액돼 있다. 메이저리그는 2002년, 9월 15일을 '로베르토 클레멘테의 날'로도 선포했다. 푸에르토리코 정부 또한 클레멘테에게 '프로서(국가적 영웅)'라는 공식 칭호를 부여했다. 푸에르토리코 야구리그는 현재 '로베르토클레멘테리그'로 불린다.

클레멘테의 아내 베라는 생전에 한 인터뷰에서 "타이어 때문에 도움이 필요한 낯선 이를 그냥 지나치느니 주지사와의 만남에 늦는 편이 낫다고 생각하는 그런 사람이었다"라고 클레멘테를 소개했었다. 클레멘테는 1971년 한 연설에서 이런 말을 했다. "만약 상황을 개선할 기회가 당신에게 주어졌는데 행동하지 않는다면 당신은 이 땅에서 그저 시간을 낭비하고 있는 것이다."

프로 선수, 혹은 아마추어 선수들에게 묻고 싶다. "궁극적으로 야구로 이루고 싶은 게 무엇이냐"고. 그들에게 야구가 그저 돈벌이 수단만은 아닐 것이라고 믿고 싶다.

지극히 주관적인 나의 우상

KBO리그는 2022년 리그 출범 40주년을 맞아 40인의 레전드를 발표했다. 안타깝게도 나의 야구 우상은 40인에 들지 못했다. '아차상'쯤 되는 41~50위에는 들었다. 하긴 순위가 중요한 것은 아니다. 그럼에도 그는 나의 레전드니까.

1994년 KBO리그에는 신선한 바람이 불었다. LG 트윈스가 몰고 온 '신바람'이었다. LG는 투타의 조화 속에 정규리그 1위를 비롯해 한국시리즈도 우승했다. 팀 분위기를 한껏 끌어올린 이들은 신인 3인방이었다. 김재현, 유지현, 서용빈이 그들이었다.

야구장에는 교복 입은 여학생이 넘쳐났다. 관중석에는 펼침막도 등장했다. 야구단에는 팬레터가 쏟아졌다. 김재현에 따르면 당시 구단 직원이 한 자루만큼의 팬레터를 갖다주고는 했다고 한다. 단언컨대 이들 3인방의 활약은 리그 인기를 한 단계 끌어올렸다.

당시 나의 우상은 김재현이었다. 역대 고졸 신인 최고 계약금(9100만 원)을 받고 LG에 입단한 그는 '꽃미남' 같은 외모뿐만 아니라 야구 스타일도 시원시원했다. 빠른 배트 스피드에 따른 쭉 뻗는 타구 궤적으로 '캐넌 히터'라는 별명이 생겼다. 신인 최초로 '20(홈런)-20(도루) 클럽'에도 들었다.

데뷔 첫해 성적은 타율 0.289, 21홈런 80타점 21도루. 하지만 신인왕은 차지하지 못했다. 대기록을 작성한 터라 수상이 유력해 보였는데 한 지붕 아래의 유지현(타율 0.305, 15홈런 51타점 109득점)에게 밀렸다. 유지현의 포지션이 궂은일을 많이 하는 유격수라는 점에서 더 높은 점수를 받은 것도 같다. 그래도 김재현은 외야수 부문 골든글러브를 차지했다.

열아홉에 강한 임팩트로 박수받으며 KBO리그에 이름을 알린 김재현은 여러 차례 시련을 맞았다. 신장염으로 1997 시즌을 걸렀고, 고질적인 고관절 통증도 내내 그를 괴롭혔다. 2002년에는 희비가 교차했다. 98경기에 출장해서 타율 0.334(296타수 99안타), 16홈런 61타점의 빼어난 성적을 냈지만 고관절 부상이 결국 발목을 잡았다.

희소병인 고관절 무혈괴사증(골반에 피가 통하지 않아 관절이 파괴되는 병)으로 대수술이 필요한 상황에서 그는 2002년 한국시리즈 6차전 6회초 2사 1, 2루에서 대타로 나와 좌중간을 가르는 2루타성 타구를 날렸다. 몸 상태 때문에 제대로 뛸 수 없던 그는 다리를 절뚝거리며 1루 베이스를 밟은 뒤 환하게 웃었다.

시즌 뒤 양쪽 고관절 수술을 받고서 김재현은 재활의 시간을 보냈다. 야구단 안팎으로 부정적 의견이 많았다. "야구선수로 계속 뛰면 걷지도 못하게 될 것"이라는 의견을 내는 전문가도 있었다. 그 또한 반신반의했다. 선수 생활뿐만 아니라 인생이 달린 문제였다. 김재현은 2004년 말, "경기 중 쓰러져도 구단 책임은 없다"라는 각서를 요구하는 LG 구단에 맞서 FA로 SK 와이번스(현 SSG 랜더스)로 팀을 옮겼다. 스트라이프 유니폼과의 작별이었다.

2005년 김재현은 타율 0.315, 19홈런 77타점으로 건재함을 알렸다. 리그 타율 4위, 출루율 1위(0.445)의 성적으로 지명타자 부문 골든글러브도 따냈다. 2006년 말 김성근 감독이 SK 사령탑으로 취임한 뒤에는 더그아웃 리더가 됐다. 2007시즌 정규리그 때는 데뷔 처음 1할대 타격(0.196)에 머물렀지만 한국시리즈에서는 타율 0.348, 2홈런 4타점의 활약으로 MVP로 뽑혔다. 상대 팀 두산 베어스에 1, 2차전을 내주고 반격을 가하는 데 그는 선봉장으로 나섰다. 2007년 한국시리즈는 신인 투수 김광현과 함께 김재현을 빼고는 설명할 수 없다.

2008시즌 우승 뒤 2009시즌의 준우승. 한국시리즈 7차전 6회초까지 5:1로 앞서다가 동점을 허용하고 나지완(KIA 타이거즈)에게 끝내기 홈런을 맞고 우승을 내준 2009시즌은 아쉬움이 특히 컸다. 준우승과 함께 계속 회자된 것은 미디어데이 때 김재현이 한 발언이다. 그는 "2010시즌이 끝난 뒤 은퇴하겠다"라고 폭탄 선언을 했다. 프로야구 사상 최초의 은퇴 예고였다. 그즈음이었을까. 김재현은 방망이도 짧게 잡기 시작했다. 악착같이 출루해서 팀에 보탬이 되려 했다.

2010년 SK는 전년도 준우승의 눈물을 달래며 4전 전승으로 최정상에 다시 섰다. 김재현의 시즌 성적은 타율 0.288, 10홈런 48타점. 당시 35살이었던 그의 나이를 고려하면 충분히 선수 생활을 더 이어 갈 수 있었다. 하지만 그는 자신의 신념대로 움직였다.

은퇴 번복은 없었다. 정점의 순간에 야구라는 인생의 무대에서 내려온 김재현이 은퇴 당시 했던 말은 이랬다. "만약 팀과 재계약하고 2~3년 더 뛰었다면 10억 원 정도는 더

벌었을 수도 있다. 하지만 그것은 내가 살아온 방식이 아니다. 일단 힘이 있을 때, 잘나갈 때 은퇴해야겠다는 생각을 오래전부터 해 왔다. 후배들에게 길도 터 줘야 한다."

예민한 성격에 불면의 밤을 자주 보내고, 은퇴까지 생각했던 대수술 뒤에는 양쪽 고관절에 남몰래 실리콘 재질의 패치를 붙이고 타석에 섰던 그였다. 초라하지 않기 위해 끝까지 한 타석, 한 타석에 최선을 다했던 그이기도 했다. 이런 노력이 있었기에 그의 커리어는 우승으로 시작해서 우승으로 끝났다. 박수받으며 화려하게 등장했고, 박수받으며 당당하게 퇴장했다.

통산 성적(타율 0.294, 201홈런 939타점)과 별개로 그는 진짜 야구를 했다. 희로애락을 품은 그런 야구. 김재현은 해설위원과 국가대표 타격코치를 거쳐 2023시즌에 앞서 전력 강화 코디네이터로 LG와 다시 연을 맺었다. 그리고 29년 만에 'LG맨'으로 우승을 맛본 뒤 SSG 단장으로 직을 옮겼다.

내가 한때 좋아했던 선수들은 지금도 잘 풀렸으면 좋겠다. 그들의 인생이 삐걱대면 그들을 좋아했던 그 시절의 나도, 지금의 나도 삐걱대는 것 같다. 그들이 은퇴하면 나의 한 시대도 저무는 듯하다. 그들을 통해 나를 돌아보게 된

달까.

야구가 존재하는 한 새로운 야구팬이 나타날 것이고, 더불어 그들의 야구 우상도 탄생할 것이다. 우상답게, 우상다운 행동으로 차후 레전드가 될 수 있기를. 그래서 "한때 ○○○ 좋아했다"라고 당당히 말할 수 있기를. 내가 지금도 당당하게 "김재현이 내 우상이었다"라고 말할 수 있는 것처럼. '야구 레전드'라고는 불리지만, 대중 앞에서는 당당할 수 없는 이들이 있어서 하는 말이다.

'한국시리즈' 하면 두루두루 회자되는 영상이 있다. 푸른색 유니폼을 입고 양손을 번쩍 들어 올려 환호하는 롯데 자이언츠 최동원의 모습이다.

최동원은 1984년 삼성 라이온즈와의 한국시리즈(4선승제)에서 롯데가 거둔 4승을 모두 책임졌다. 1차전에서 한국시리즈 역사상 최초로 완봉승(9이닝 7피안타 7탈삼진 무실점)을 거뒀고 단 이틀만 쉬고 등판한 3차전에서도 12탈삼진을 잡아내는 등 9이닝 6피안타 2실점의 완투승(3:2, 롯데 승)을 올렸다. 또다시 이틀밖에 못 쉰 최동원은 5차전에 선발 등판해 8이닝을 소화했다. 결과는 롯데의 2:3 패배.

다음 날 열린 6차전에 최동원은 뜻밖에도 구원투수로 마운드에 올랐다. 5이닝 3피안타 6탈삼진 무실점 투구. 하루의 휴식 뒤 열린 7차전에서 그는 다시 선발로 등판했다.

'투혼', 혹은 '무쇠팔'로 포장된 '혹사 그 이상의 혹사'였다. 최동원은 이날 다시 9이닝을 책임졌다. 10피안타 5탈삼진 4실점. 6:4 롯데의 승리로 한국시리즈 우승을 거머쥐었다.

최동원은 열흘 동안 5경기 40이닝을 소화(팀 전체 이닝의 3분의 2)하면서 610개의 공을 던졌다. 전무후무한 기록을 세웠는데도 정작 최동원은 한국시리즈 MVP에 뽑히지 못했다. 이유가 있었다. 당시 정규리그와 한국시리즈 MVP를 결정하는 기자단 투표가 한국시리즈 최종전이 벌어지던 잠실야구장 기자실에서 동시에 열렸기 때문이다.

『한국야구사』에 따르면 정규리그 MVP 투표 때는 롯데가 3:4로 뒤진 8회초 1사 1, 3루에서 유두열이 역전 좌월 3점 홈런을 터뜨리고 6:4가 된 상황에서 최동원이 여전히 마운드에 있었다. 당연히 기자들의 마음은 한국시리즈 4승이 거의 굳어져 가던 최동원에 쏠렸다. 한국 프로야구 최초로 타격 3관왕에 오른 이만수(삼성)가 후보에 있었지만 기자들은 포스트시즌에서 맹활약한 최동원을 찍었다. 삼성이 한국시리즈에서 OB 베어스를 피하기 위해 져주기 게임을 했다는 의혹도 이만수에게 감점 요인이 됐다.

이윽고 진행된 한국시리즈 MVP 투표. 롯데 마운드에서 '나 홀로' 분투한 최동원이 당연히 수상할 것으로 예상됐다. 하지만 "MVP를 한 선수에게 몰아줄 필요가 있느냐"

는 기자실 분위기에 따라 '나눠 먹기식'으로 역전 3점 홈런을 친 유두열이 한국시리즈 MVP로 선정됐다. 당시 유두열의 한국시리즈 성적은 21타수 3안타(타율 0.143), 1홈런 3타점 2도루에 불과했다. 최동원의 성적은 4승 1패 평균자책 1.80(40이닝 투구 9실점).

정규리그와 한국시리즈는 완전히 다른데도 같은 날, 같은 시각에 기자단 투표가 이뤄지는 바람에 최동원은 시리즈 1할대 타자에 밀려 한국시리즈 MVP를 놓치고 말았다. 1984년 한국시리즈는 롯데의 우승을 위해 오른 어깨를 희생한 최동원을 빼고는 설명할 수 없는데도 말이다. 최동원은 당시 정규리그에서도 284와 2/3이닝을 던진 상태(27승 13패 6세이브 평균자책점 2.40)였다. 포스트시즌까지 합해 한 해에 300이닝을 넘게 혼자서 책임진 셈이다.

비록 한국시리즈 MVP는 받지 못했으나 최동원의 위대한 업적은 가려지지 않는다. 그의 이름 앞에 '불멸', '불세출'이라는 단어가 따라붙는 이유이기도 하다.

최동원은 과거에도, 현재에도 롯데 자이언츠의 상징적 인물이다. 잘 던지는 선수의 숙명상 아마추어 시절부터 혹사를 당했던 그는, 프로에서도 혼자서 경기를 책임질 때가 많았다. 1983년부터 1987년까지 5년 연속 200이닝 이상 던졌다. 시즌 200이닝 200탈삼진을 두 차례 기록(1984년,

1986년)했는데, 이는 선동열(1986년, 1991년 · 해태 타이거즈)과 함께 리그 '유이'한 기록이다.

그는 프로 통산 248경기에 출장했는데, 81차례 완투(승리는 52승)를 기록했다. 윤학길(100차례)에 이어 역대 2위의 기록이다. 두 차례나 20승 고지(1984년, 1985년)를 밟았으며, 통산 기록은 103승 74패 26세이브 평균자책점 2.46. 통산 평균자책점은 선동열(1.20)에 이어 2위에 올라 있다.

1987년 5월 16일 부산 사직구장에서 선동열과 연장 15회까지 선발 맞대결을 벌인 것은 두고두고 회자된다. 둘 다 이날 완투하면서 최동원은 209개, 선동열은 232개의 공을 던졌다. 두 팀이 2:2로 비기면서 승자와 패자는 없었으나 이날의 경기는 영화 〈퍼펙트 게임〉으로 만들어질 정도로 임팩트가 강했다. 현역 시절 최동원은 폭포수 커브, 선동열은 슬라이더를 결정구로 삼았는데, 이들은 현역 시절 세 차례 맞대결에서 1승 1무 1패를 거둬 승부를 내지 못했다.

최동원은 비단 그라운드 안에서만 빛나지 않았다. 동료들을 위해 당당하게 제 목소리를 냈다. "연습생들의 최저 생계비나 연금 등 최소한의 복지 제도를 만들기 위해" 1988년 기습적으로 프로야구 선수협의회 창단을 추진해 초대 회장으로 뽑히기도 했으나 구단들의 반발로 선수협의회 구성은 무산됐다. 그러나 선수협의회에서 논의됐던 선수연금제도 등을 도입하는 계기를 만들었다. 선수협의회 창단 시도 당시 최동원에게 법률적 자문을 해 준 변호사가 문재인 전 대통령이었다는 사실이 후에 드러나기도 했다.

최동원은 1987시즌 뒤 연봉 협상에서 구단과 마찰을 겪으며 1988시즌 초반에 출전하지 못했다. 이후 선수협의회 결성 시도건까지 터지면서 더욱 눈엣가시가 돼 1988년 11월 삼성 라이온즈로 트레이드됐다. 부산 야구의 심장과도 같던 선수를 롯데가 대구로 보내 버린 것이다. 최동원은 트레이드를 강하게 거부하며 1989시즌 전반기에 등판하지 않았다. 1989년에 8경기(30이닝 투구 1승 2패)밖에 출전하지 못한 이유다. 최동원은 이듬해 통산 100승과 1000탈삼진 기록을 넘기고 유니폼을 벗었다. 자이언츠 레전드의 안타까운 현역 은퇴였다.

최동원은 한화 이글스 2군 감독이던 2007년, 대장암 초기 진단을 받았고 이후 KBO 경기감독위원 등으로도 활동했다. 2011년 7월 22일 경남고와 군산상고 간 레전드 매치에 경남고 대표로 참가했으나 건강상 이유로 출전하지는 않았다. 이후 건강이 악화돼 2011년 9월 14일, 쉰네 살의 나이로 그는 하늘 위 그라운드로 떠났다.

최동원의 사망 뒤 롯데는 그의 등번호 11번을 구단 최초로 영구 결번으로 지정했다. 최동원 기념사업회는 최동원의 업적을 기리기 위해 2014년부터 매해 11월 11일 KBO리그 최고 투수에게 '최동원 상'을 수여하고 있다. 메이저리그 사이 영 상, 일본 프로야구 사와무라 상을 떠올리면 된다. 기자단 투표가 아닌 프로야구 원로들로 구성된 선정위원회에서 수상자를 결정한다. 2022년 수상자는 김광현(SSG 랜더스), 2023년 수상자는 에릭 페디(NC 다이노스)였다.

부산 사직야구장 앞에는 그의 동상이 서 있다. 그는 여전히 역동적인 투구 폼으로 공을 던지고 있다. 2011년 7월, 그는 이런 말을 했다. "별은 하늘에만 떠 있는다고 별이 아니다. 누군가에게 길을 밝혀 주고, 꿈이 돼 줘야 그게 진짜 별이다." 지금은 하늘의 별이 된 최동원은 야구장 앞에서 후배들에게 계속 묻고 있는지 모르겠다. '스타란 무엇이고, 스타의 위치에서 무엇을 해야 하느냐'고.

'KBO리그의 진짜 별' 최동원이었다.

취재 일기 1

야구와 인생에서 변하지 않는 것

2000년 4월 처음 스포츠 기자가 됐다. 사실 나는 '기자'가 아닌 '스포츠'에 방점이 찍힌 '스포츠 기자'가 되기를 원했다. 영국 어학연수 시절, TV로 크리켓을 보다가 세 시간 만에 게임 규칙을 혼자서 터득하는 내 모습을 보며 스포츠 관련 일을 하겠다고 마음먹었기 때문이다. 그래서 거의 스포츠 신문에만 지원했다.

입사 면접 때마다 스포츠 관련 질문을 받으면 눈을 반짝이며 또박또박 답하던 나의 모습에 면접관들은 적잖이 놀라워했다. 〈스포츠투데이〉의 경우 면접 질문이 "지금 메이저리그에서 활약하고 있는 선수들의 이름을 말해 보라"였다. 나는 박찬호, 김병현, 조진호의 이름을 줄줄이 열거했다. 김선우 등 마이너리그에 있는 선수 이름까지 댔다. 식은 죽 먹기였다.

지금은 많이 달라졌지만 당시에는 여자 스포츠 기자가 많지 않던 시기였다. 스포츠지에서 여기자 한 명 정도만 야구를 담당했다. 테스토스테론이 넘쳐나는 그라운드에서 여기자는 호기심의 대상이 됐다. 가뜩이나 매일 경기를 치르는 야구장은 징크스가 넘쳐나는 곳. 어떤 감독은 "아침에 여자를 보면 재수가 없다"라며 내가 더그아웃 취재를 마치고 기자실로 올라오면 매니저를 시켜 소금을 뿌리기도 했다. 비판의 기사를 쓰면 "××년", "야구도 모르는 년이"라는 뒷말이 날아들었다. 남자 기자가 썼다면 과연 그런 욕설을 들었을까.

선수들도 가끔 곤혹스러워했다. 특히 지금은 사라진 대구 시민야구장이 그랬다. 1루석 밑에 자리한 원정 더그아웃(보통 원정팀은 3루를 쓰는데 대구 시민구장은 햇볕 때문에 3루를 홈팀 삼성이 썼다)은 샤워실과 바로 연결돼 있었다. 샤워하고 나오면 더그아웃이 있었다고 보면 된다. 대구는 몹시 더운 도시. 한여름이면 선수들은 훈련 뒤 곧바로 씻어야만 했다.

어떤 날은 감독과 한참 대화를 나누고 있는데 매니저가 더그아웃 밖으로 나를 끌고 나갔다. 선수들이 훈련 뒤 씻고

알몸에 수건만 걸친 채로 밖으로 나왔기 때문이다. 아무렇지도 않게 "난 괜찮은데"라고 말했으나 선수들의 마음은 그렇지 않았다.

여기자들이 점점 늘어나면서 야구장 라커룸 취재는 금지됐다. 불편을 호소하는 선수들이 많았기 때문이다. 하긴 남녀칠세부동석의 나라니까. 미국 프로야구 메이저리그는 라커룸, 더그아웃 취재가 자유롭지만 한국은 그렇지 않다.

선수 여자친구로부터 오해를 산 적도 있었다. 저장된 이름만 보고 전화를 걸어서는 다짜고짜 "당신 누구냐"며 따진 것. 기자라고 설명하니 상대방은 머쓱해했다. 이후 그 여자친구와도 친해졌다. 야구장에서 어떤 선수가 "저 기자 이름이 무엇이냐"고 물어보면 다음 날 'OOO 선수가 김양희 기자 좋아하는 것 같더라'라는 소문도 돌았다. 물론 한 귀로 흘려보냈다. 감독과 홍보팀, 남자 기자들끼리만 술자리에 가면 자발적으로 따라가기도 했다. 나는 아무렇지 않았으나 남자들은 내 눈치를 봤을지 모르는 일이다.

요즘에는 다른 고민거리가 생겼다. 감독, 코치, 선수 등과 식당 등에서 1대1로 만날 때 오해의 시선을 받는 것이다. 어떤 감독은 둘이서만 만나기로 했는데 세 명을 예약하기도 했다. 약속 장소는 점점 폐쇄된 곳으로 바뀌었다. 휴대폰 카메라가 흔해진 시대, 얼굴이 알려진 취재원과 만나는 것은 영 신경 쓰이는 일이다. 'PRESS'라는 완장을 차고 만날 수도 없는 노릇이기 때문이다. 2000년대만 해도 둘이서 오픈된 장소에서 같이 삼겹살을 구워 먹고, 장어구이도 나눠 먹고 했는데 말이다. 그래서 취재가 아닌 만남이어도 일부러 취재 수첩을 꺼내 놓을 때도 있다.

아마 야구인들도 비슷한 고민을 하고 있을 것 같다. 경기에 지는 날이면 숙소 근처에서 밥을 먹는 것조차 힘들다. '경기는 졌는데, 밥이 목구멍으로 넘어가냐'라는 식으로 원망하는 팬들이 많기 때문이다. 마음껏 웃고 떠들 수도 없다. 그들은 경기에서 진 '죄인'이기 때문이다. 이런 분위기 탓에 야구인들은 점점 공개된 장소를 꺼리게 된다. 예전에는 다양한 장소에서 선수들을 만난 목격담이 많이 전해졌는데 '밤말은 쥐가 듣고 낮말은 새가 듣는' 요즘 시대에는 흔치 않은 일이 됐다. 그래서 그들도 야구선수라는 직업을 가진 보통의 사람들인데 스트레스를 어찌 풀까 하는 안타까운 마음도 가끔 든다.

24년이 넘는 세월 동안 여러 야구인을 만나 얘기를 나눴다. 어떤 이는 간절했고, 어떤 이는 겸손했으며, 어떤 이는 나태했고, 어떤 이는 건방졌다. 잘 풀리기를 기도한 선수가 끝내 빛을 못 보고 유니폼을 벗는 모습도 지켜봤고, 조그만 오해를 평생 주홍글씨로 안고 사는 선수도 봤다. 말하는 게 서툴러서, 표현하는 게 익숙하지 않아서 비롯된 것인데 너무 멀리 와 버려서 돌이킬 수가 없었다. 야구 안에는 여러 인생이 있고, 그 인생 이야기를 풀어 줘야 하는 것도 기자의 몫이라고 생각한다.

야구로 치면 25년 차 선수가 됐다. 여전히 야구판은 남자들의 세계다. 하지만 이제 여기자라고 낮춰 보는 시선은 없다. 더그아웃에서 소금을 뿌리는 이도 물론 없다. 기자 1년 차 때 만난 이는 어느새 단장, 감독, 코치가 되어 있다. 가끔은 그들의 야구 고민을 진지하게 들어 준다. 물론 오프 더 레코드로.

야구라는 것은 보면 볼수록 더 어렵다. 세이버메트릭스,

바이오 메커닉스 등 새로운 용어도 등장했다. 다만 변하지 않은 게 있다면 '야구는 그래도 야구'라는 것이다.

역대 최고령으로 메이저리그에 데뷔해 역대 최고령으로 은퇴한 사첼 페이지가 그랬다. "공을 잡고 원하는 곳에 던지기만 하면 된다. 스트라이크를 던져라. 홈플레이트는 움직이지 않는다"고. 야구도, 인생도 불변의 것은 있다.

야구는 결국 홈플레이트로 돌아와야만 이기는 스포츠다. 홈플레이트에서 시작해 홈플레이트로 되돌아오는 방법은 여러 가지다. 가끔 꼼수도 통한다. 하지만 이는 제한적이다. 지속 가능한 야구는 땀과 열정으로만 가능하다. 강렬한 데뷔전을 치르고 사라진 야구선수가 얼마나 많은가.

오늘도 1루로 나갈 방법을 진지하게 연구해 봐야겠다. 어제의 방법은 통하지 않을 테니까.

2장

그라운드 밖의 야구

인생에서 우리는 투수일까 타자일까

"야구에서 아무리 위대한 타자도 5할 타자는 없다. 성공보다 실패가 많은 것이다. 실패는 언제나 성공보다 많다. 그게 정상이다."

책 『일이 모두의 놀이가 되게 하라』(이강백, 착한책가게, 2018)에 나온 내용이라고 한다. 하긴 인생을 야구에 빗대 설명할 때도 으레 "야구는 열 번 중 세 번만 잘 쳐도 박수를 받는다. 실패해도 괜찮다"라고 말하니까. 아마 거듭된 좌절을 위로해 주는 최고의 말일 것이다.

야구 경기에서 한 타자에게는 중간에 교체되지 않는 한 네댓 번의 타석 기회가 찾아오고 이때 한두 번 안타를 때려 내면 좋은 타자로 각인된다. 앞선 세 타석에서 헛스윙 삼진으로 물러나도 마지막 네 번째 타석에서 역전 결승타를 치면 영웅으로 등극하는 게 타자의 위치다. 이틀 연속 4

타수 무안타의 헛방망이질을 해도 3연전의 마지막 날 4타수 4안타를 때리면 그의 평균 타율은 0.333가 된다.

2023년 KBO리그 타격 1위는 손아섭(NC 다이노스)이었다. 그의 타율은 0.339. 타석에 열 번 서서 평균 3.3번은 안타를 쳤다는 뜻이다. 물론 여기에서 '타석'이 오롯이 '타석'을 의미하는 건 아니다. 타율을 계산할 때는 타석에서 볼넷, 희생타, 몸에 맞는 공, 희생번트, 희생뜬공, 타격방해, 주루방해 등을 제외한다. 상대 투수나 야수의 잘못, 그리고 팀을 위한 개인의 희생타는 타율을 계산할 때 빼 주니까 얼마나 공평한가. 아무튼 손아섭은 열 번의 타격 기회에서 예닐곱 번은 실패했다. 그런데도 그는 2023시즌 최고의 타자였다.

입장을 바꿔 투수라면 어떨까. 타자와 열 번 상대해 3.3차례나 안타를 허용했다면 아마 B급 투수로 평가받을 것이다. 하물며 5번 이상 두들겨 맞는다면? 심각하게는 '배팅볼 투수'라는 비아냥을 피할 길이 없다. 그런 투수를 1군 마운드에 올릴 감독도 물론 없겠지만.

투수에겐 서너 번의 실수가 용납되지 않는다. 보통 피안타율이 2할 안팎일 때만 A급 투수로 평가받는다. 열 번 중 여덟 번 이상 타자와의 승부에서 이겨야 한다는 얘기다. 이 또한 '선발투수'에 한정된 얘기다. 경기 후반에 등판하는 불펜투수의 실투는 자칫 팀 패배와 직결될 수도 있다. 앞선 아홉 명의 타자를 잘 처리해도, 극단적으로 전부 삼진으로 돌려세웠어도 마지막 한 타자에게 홈런을 맞으면 그날의 역적이 된다. 공 하나에 그간의 힘겨웠던 과정은 와르르 무너진다. 공 24개가 스트라이크존에 꽂혀도 잘못 제구된 실투 하나가 투수를 마운드 위에 주저앉게 한다.

2023 KBO리그 최고의 선수였던 NC 다이노스 소속의 에릭 페디는 시즌 동안 20승(6패)을 거뒀다. 탈삼진도 209개를 잡아내 1986년 해태 타이거즈 선동열(24승, 탈삼진 214개) 이후 37년 만에 '20승-200탈삼진'의 위업을 달성했다. 그의 피안타율은 0.207였다. 평균적으로 열 명의 타자 중 두 명한테만 안타를 내줬다는 뜻이다. 2023년 가장 많은 패를 기록한 선수는 한현희(6승 12패, 롯데 자이언츠)였는데 그의 피안타율은 0.297에 이르렀다.

야구는 상대적인 스포츠다. 타자의 성공은 곧 투수의 실패가 된다. '열 번 타석에서 세 번만 쳐도 성공'이라거나 '실패는 언제나 성공보다 많다'라는 말은 그런 면에서 다소 곡해가 생길 수 있다. 지극히 타자 중심적인 시각이기 때문이다. 타자 열 명을 상대해 일곱 번을 잘 막았다고 투수에게 박수가 쏟아지지는 않는다. 8할 이상의 성공이었을 때 그나마 박수가 나온다. 한 번 삐끗하면 낭떠러지 위에 설 수밖에 없는 현대사회의 민낯과 가장 많이 닮은 것은 그래서 투수일 수 있다. 우리의 이상은 매일 일상이라는 타석에 들어서는 타자를 좇지만 말이다.

삶이라는 불규칙 바운드가 많은 그라운드 위에서 우리는 나쁜 공을 최대한 골라내기 위해 신중에 또 신중을 기하는 타자일까, 아니면 속구를 던질지 브레이킹볼(좌우 또는 상하로 움직이는 공)을 던질지 끊임없이 고뇌하는 투수일까. 실패 확률을 볼까, 성공 확률을 볼까.

시속 150킬로미터 속구에도 움찔하지 않고 자신 있게 방망이를 휘두르는 타자였으면 좋겠는데, 연간 홈런 40개를 쳐 대는 타자 앞에서도 일말의 두려움 없이 몸쪽 공을 던지는 투수가 되고 싶은데 어디를 보나 벤치 워머(경기에 출전하지 않고 벤치를 지키는 선수)인 것 같아서 슬프기는 하다. 불공정한 그라운드만 탓하는, 혹은 자신을 써 주지 않는 감독, 코치만 원망하는 그런 벤치 워머.

현실이 막막하고 불안하기만 한 벤치 워머 인생이라도 정신줄은 단단히 붙잡고 있어야겠다. 그 누가 알겠는가. 준비됐다고 생각했을 때 단 한 타석, 단 한 번의 투구 기회가 찾아올지. 연습생 신분으로 프로를 시작해 KBO리그 역사상 처음 시즌 200안타 고지를 밟았던 서건창의 말로 글을 갈무리한다. (역시나 타자의 길을 좇는 걸 보니 나도 이상주의자다.)

"항상 준비가 돼 있어야만 한다. 100퍼센트 가지고는 안 된다. 100퍼센트를 가지고도 막상 기회가 왔을 때는 분명히 100퍼센트를 발휘하지 못한다. 실제로는 절반도 못하는 경우가 허다하다. 100퍼센트 이상 준비해 놓아야 그나마 100퍼센트에 근접할 수 있다. 당장 내일이 기회일 수 있다는 생각을 하고 미리 준비했으면 한다."

평소에 잘 치면 찬스에도 강할까

'클러치(clutch)'에는 '단단히 움켜잡다'라는 뜻이 있다. '클러치 히터'는 그래서 득점 상황, 혹은 주요 상황을 놓치지 않고 꽉 움켜쥐어서 안타를 터뜨리는 선수, 즉 해결사를 일컫는다. 혹자는 말한다. '클러치 히터'는 없고 '클러치 상황'만 있을 뿐이라고. 잘 치는 선수는 어떤 상황에서도 잘 친다는 얘기다. 과연 그럴까.

KBO 자료(3000타석 이상 기준, 스포츠투아이 제공)를 보면, 통산 타율이 높은 선수가 통산 득점권(주자가 2루 이상에 위치) 타율 또한 높은 경우가 꽤 많다. 은퇴 선수 기준으로 가장 높은 통산 타율(0.330)을 기록 중인 장효조의 경우 통산 득점권 타율이 0.354(역대 2위)에 이른다. 득점권에서 훨씬 더 집중력이 발휘됐다. 김태균이나 유한준도 비슷하다.

김태균은 통산 타율이 0.320인데, 득점권 타율은 0.341였다. 유한준은 통산타율은 0.302로 3할을 겨우 넘겼지만 득점권 타율은 0.333에 이르렀다.

이강돈의 경우 통산타율이 2할대(0.284)였지만 득점권 타율은 안정적 3할대(0.316)였다. 1988시즌 때는 득점권 타율이 0.434(96타석 33안타)에 이르기도 했다. 당시 그의 시즌 타율은 0.313. 확실한 클러치 히터였다. 최준석은 통산 타율은 0.275에 불과하지만 득점권 타율은 3할대(0.304)였다. 타율 2~3푼의 격차가 미미하다고 얘기할 수는 없다.

물론 이승엽(통산 타율 0.302, 득점권 타율 0.304), 이종범(통산 타율 0.297, 득점권 타율 0.294), 박재홍(통산 타율 0.284, 득점권 타율 0.289), 홍성흔(통산 타율 0.301, 득점권 타율 0.305)처럼 통산 타율과 득점권 타율이 얼추 비슷한 선수도 꽤 있다.

현역 시절 '캐넌 히터'로 불린 김재현의 경우는 통산 타율(0.294)보다 득점권 타율(0.282)이 오히려 낮았다. '적토마' 이병규(통산 타율 0.311, 득점권 타율 0.299)도 마찬가지. 한화 이글스에서 7년간 뛰었던 제이 데이비스의 경우는 통산 타율이 0.313였지만 득점권 타율은 0.282에 불과했다. 그래도 한화 팬들은 데이비스를 최고의 외국인 타자로 기억한다.

현역 선수 중 득점권 타율이 가장 높은 이는 박민우(NC 다이노스)다. 2023시즌까지의 기록을 바탕으로 박민우는 통산 타율이 0.320인데 통산 득점권 타율은 이보다 높은 0.354이다. 2016년 시즌, 그의 타율은 0.343였지만 득점권 타율은 0.434에 이르렀다. 통산 타율 1위(0.340) 이정후의 경우는 통산 득점권 타율이 0.343(2위)다. 누상에 주자가 있건 없건 그는 잘 치는 타자라는 얘기다. 손아섭(NC)은 아예 통산 타율과 득점권 타율이 0.322로 같다.

LG 트윈스 더그아웃 리더 김현수는 통산 타율이 0.314(7위)인데 득점권 타율은 0.339(3위)다. 김현수는 2020시즌 때 득점권 타율 0.446(시즌 타율 0.331)를 기록하기도 했다. 2023시즌 그는 타율이 3할 밑(0.293, 전체 20위)이었으나 득점권 타율은 0.348였다. 톱5 안에 드는 수치였다. 베테랑의 클러치 능력이 엿보인다.

그렇다면 단일 시즌 득점권 타율이 가장 높았던 선수는 누구일까. 프로 원년(1982년)에 MBC 청룡 감독 겸 선수로 뛴 백인천이다. KBO리그 유일한 4할 타자(0.412, 250타수 103안타)인 그는 당시 득점권 타율이 0.476(90타석 63타수 30안타)에 이르렀다. 일본 프로야구 타격왕 출신이었던 그는 국내 투수들이 상대하기 버거운 타자였다.

득점권 타율만으로 해당 선수의 클러치 능력을 평가할 수는 없다. 득점권 타율이 1할대여도 가장 중요한 경기에서 적시타를 쳤을 때 팀이나 팬에게 각인되는 임팩트는 상당하다. 임팩트는 곧 같은 상황에서의 기대치로 이어진다. 단순히 숫자만으로 설명할 수 없는 그 무엇이 있다. 야구는 숫자 게임이기도 하지만, 멘탈 게임이기도 하기 때문이다.

분명한 것은 경기 진행 동안 클러치 상황은 빚어지고 그 상황을 마주한 타자가 누구인지에 따라 기대치, 혹은 압박감이 달라진다는 점이다. 그리고 기대치가 낮은 선수가 적시타를 터뜨릴 경우 각인 효과가 더 커진다는 것도 부정할 수 없다.

가장 중요한 사실 하나. 득점권을 만들어 주는 것은 바로 팀 동료들이다. 앞 주자가 있어야만 득점권 상황이 연출된다. 득점권인 2루 이상까지 가려고 노력한 동료를 잊어서는 안 된다. 혼자서 할 수 있는 것도 많지만, 혼자서는 할 수 없는 것도 많다.

노히트노런, 찬란의 한때

2022년 4월 24일, 아마추어 야구에서 노히트노런(노히터, 선발투수가 최소 9이닝을 던지면서 안타와 점수를 단 하나도 허용하지 않는 것)이 나왔다. 중앙고 3학년 우완 투수 김재현이 그 주인공. 9이닝(회) 동안 동산고 타자 29명을 상대하면서 안타를 하나도 내주지 않고 삼진을 11개 잡아내면서 소속팀에 5:0 승리를 안겼다. 고교 노히터 기록은 2017년 배재고 신준혁 이후 5년 만이라고 했다. 문득 궁금해졌다. '신준혁은 지금 어디에 있을까.'

당연히 프로구단 소속이겠거니 했다. 하지만 KBO 누리집에 신준혁의 기록은 없었다. 2018년 신인 드래프트(지명회의) 자료를 뒤져 봤다. 역시 없었다. '혹시나' 했다.

개인 소셜미디어에 신준혁의 흔적에 대한 물음표를 남겼고, 지인에게서 그의 소식을 들을 수 있었다. "한양대 진학 뒤 부상으로 야구를 관뒀다고 합니다."

짐작이 맞았다. 부상이 신준혁의 미래를 송두리째 바꿔 놨다. 야구선수에게 부상만큼 잔인한 것도 없다.

사실 노히터 기록은 아마추어 리그에서도 흔치 않다. 2023년 6월 덕수고 2학년 우완 투수 김태형이 1년 만에 노히터를 기록할 때까지 해방 이후 78년 동안 서른 차례밖에 나오지 않았다.

최초의 노히터는 1946년 9월 12일 우투우타이던 광주서중(현 광주일고) 선수 김성중이 전국중등선수권대회 2회전 인천상업과의 경기에서 달성했다. 대회 결승전에서 노히터가 나온 것도 세 차례나 된다. 지금은 은퇴한 노장진은 공주고 시절 청룡기 결승전(1992년 6월 10일)에서 선린상고를 상대로 노히터를 기록하며 팀에 우승을 안겼다.

한 해에 두 번이나 노히터를 한 투수도 있다. 인천 연고지 팀의 첫 번째 프랜차이즈 스타였던 임호균이다. 임호균은 1974년 화랑대기(8월 2일)와 국회의장배(10월 4일)대회에서 노히터를 했다. 두 대회 모두 전국대회였다. 가히 전국을 주름잡은 초고교급 투수였다.

'컨트롤 아티스트'라는 평가를 받는 임호균은 고 최동원과의 18이닝 완투 경기(1978년 대통령기 전국대학야구대회 준

결승전)로도 유명하다. 둘은 선발로 등판해 14회까지 던졌는데, 0:0인 상황에서 경기는 서스펜디드(일시 중지)로 미뤄졌고, 둘은 다음 날 네 이닝을 더 던졌다. 승자는 최동원이었다. 최동원 역시 1975년 경남고 시절 우수고교초청대회에서 경북고를 상대로 노히터를 기록한 바 있다. 노히터 투수들끼리의 자존심 싸움이 18이닝 완투 경기를 만들어낸 것이다.

'국보급 투수'였던 선동열은 어떨까. 선동열 또한 광주일고 시절인 1980년 7월 24일 봉황대기 1회전에서 경기고를 상대로 단 한 개의 안타와 실점도 허용하지 않았다. 선동열의 노히터는 공교롭게도 최동원 이후 5년 만에 나온 기록이었다.

선동열은 아마추어에 이어 프로(해태 타이거즈)에서도 노히터를 기록한 유일한 선수다. 1989년 7월 6일 광주 무등야구장에서 열린 삼성 라이온즈와의 경기에서 9탈삼진 3사사구로 사자의 방망이를 잠재웠다. 그는 공교롭게도 직전 연도에 이동석(빙그레 이글스)이 해태를 상대로 노히터를 할 때 해태의 선발투수였다. 당시 이동석의 성적은 9이닝 무피안타 무사사구 5탈삼진 무실점. 7회말과 8회말, 유격수 장종훈이 1루수 강정길에게 던진 공이 뒤로 빠졌는데 7회말은 장종훈의 송구 잘못, 8회말은 강정길의 포구 잘못으로 기록되어 노히터를 달성할 수 있었다. 이날 선동열도 9이닝 동안 11탈삼진을 엮어 냈다. 6피안타 무사사구. 그가 기록한 실점 1점은 7회초 1사 3루에서 주자 장종훈을 견제하기 위해 3루수 한대화에게 던진 공이 오른쪽으로 빠지면서 내준 비자책 점수였다.

KBO리그에서 노히터 기록은 14차례밖에 나오지 않았다. 김원형 전 SSG 랜더스 감독의 경우는 KBO리그 역대 최연소 노히터 기록 보유자(20살 9개월 25일)이기도 하다. 쌍방울 레이더스 시절인 1993년 4월 30일 OB(현 두산) 베어스를 상대로 기록했는데, 타자 27명을 상대하면서 96개 공을 던져 9이닝 1볼넷 6탈삼진 무실점의 성적을 냈다. 9회 마지막 타자 박현영을 투수 앞 땅볼로 엮어 내며 노히터의 대미를 장식했다.

김원형 감독은 "6회까지 1:0이었는데 타선이 한두 점만 뽑아 주면 (노히터가) 가능할 수도 있겠다 싶었다. 다행히 7회에 2점을 뽑아 줬다"라고 그때를 돌아봤다. 그는 이어 "5회 이후에는 더그아웃 불펜에 있던 투수들이 모두 철수했다. 아마 노히터를 응원하기 위한 무언의 제스처였던 것 같다"며 "야수들 호수비도 있었고 밸런스도 그날은 정말 좋았다. 마지막 타자를 처리하고는 '해냈다'는 기분이 들었다"라고 했다.

아마추어와 프로를 통틀어 노히터 기록은 한국 야구 역사상 지금껏 44차례(2023년 기준) 나왔다. 현재 프로에서 뛰는 투수 중에는 최성훈(LG 트윈스), 한현희(롯데 자이언츠), 김민우(한화 이글스), 신민혁(NC 다이노스) 등이 고교 시절 노히터를 작성했다. 아마추어 노히터 투수 중에는 신준혁처럼 프로 무대를 밟지 못한 이도 몇몇 있다.

KBO리그에서는 2019년 4월 21일 삼성 덱 맥과이어가 한화를 상대로 기록한 노히터가 마지막이다. 국내 투수로만 한정하면 2000년 5월 18일 한화 송진우가 해태를 무안타, 무실점으로 막은 뒤 23년 넘게 노히터가 나오지 않았다. 일본 프로야구에서 사사키 로키(지바 롯데 마린스)가 2022년 퍼펙트게임을 완성한 것을 보면 부럽기도 하다.

노히터든 퍼펙트게임이든 투수에게는 일생일대 최고의 날일 것이다. 하지만 대기록이 다음 경기까지 책임져 주지는 않는다. 아주 특별한 순간이지만 그 경기 또한 긴 야구 인생에서 마주할 수많은 경기 중 하나일 뿐이다. KBO리그 마지막 노히터 투수인 맥과이어가 4개월 뒤 방출된 것만 봐도 그렇다. 김원형 감독은 "팬들이 은퇴 뒤에도 기억해주는 것은 좋지만 노히터는 그저 그날의 운이 좋았을 뿐"

이라고 선을 긋기도 한다.

어쩌면 더 중요한 것은 노히터 그다음일지 모른다. 경기는 계속되니까. 야구는 이어지니까, 삶이 그러하듯.

인생은 임팩트일까, 꾸준함일까. 혹은 강렬함일까, 성실함일까.

난데없는 의문은 KBO가 2022년 프로야구 출범 40주년을 맞아 선정한 레전드 40인 탓에 생겼다. 레전드로 뽑힌 40명의 면면을 보면 둘로 나뉜다. 짧은 시간 아주 인상적인 활약을 보였거나, 아니면 오랜 기간 일관된 활약을 보였거나. 전자의 경우 압도적 시즌이 있는 반면 통산 기록을 보면 고개가 갸웃해진다. 후자의 경우는 하나하나 시즌을 쌓아 올려 압도적 통산 기록을 만들어 냈다.

'야생마' 이상훈을 한 예로 들 수 있다. 실제 이상훈이 뽑혔을 때 골수 LG 트윈스 팬인 한 지인은 "이상훈을 참 좋아하기는 하지만 레전드 40인에 들지는 몰랐다"고 말했다.

고려대 4학년 시절 열네 타자 연속 탈삼진(춘계대학연맹전 성균관대전) 대기록을 세운 이상훈의 프로 초반은 엄청났다. 1995년, 프로 데뷔 3년 차 때 29경기에 선발 등판해 12차례 완투(완봉 3차례)를 기록하면서 좌완 선발투수 최초로 20승(5패, 평균자책점 2.01) 고지를 밟았다. 40년 프로야구 역사상 토종 좌완 선발 20승 투수는 지금껏 이상훈 외에 양현종(KIA 타이거즈)밖에 없다. 양현종이 2017년 20승을 올리기 전까지는 21년 동안 이상훈만이 유일하게 이 기록을 보유했다. KBO리그는 순수 선발승으로 20승을 채운 토종 투수조차 드문 편이다.

척추분리증, 손가락 혈행장애 증세 등으로 구원투수로 변신한 뒤에도 이상훈은 뛰어났다. 1997년 10승 6패 37세이브 평균자책점 2.11로 구원왕에 올랐다. 피안타율은 0.187에 불과했다. 57경기 85와 1/3이닝 동안 탈삼진 103개를 엮어 내면서 이닝당 평균 1.21명을 삼진으로 돌려세웠다. 이상훈은 일본 프로리그(주니치 드래건스)를 거쳐 미국 메이저리그(보스턴 레드삭스)에 진출하면서 한 · 미 · 일 3개국 프로야구 1군 마운드에 모두 선 최초의 한국 선수도 됐다.

이상훈을 이상훈답게 한 것은 야구장 안팎에서 보여 준 그의 모습이었다. 이상훈은 경기 후반 구원투수로 등판할 때마다 긴 머리카락을 휘날리면서 마운드까지 뛰어갔다. "팬에 대한 예의 때문"이라고 했다. 더그아웃에서의 기타 연주로 생긴 이순철 감독과의 마찰로 SK 와이번스로 트레이드됐을 때는 몇 경기 등판 뒤 "스트라이프 유니폼을 입은 (LG) 선수들을 상대로 공을 던질 수 없다"는 이유로 깜짝 은퇴를 발표했다. 옛 동지들을 적으로 돌릴 수 없다는 신념 때문에 고액 연봉을 포기한 것이다. 이런저런 모습으로 이상훈은 야구팬들에게 '낭만 야구'의 한 상징으로 회자된다.

여러 임팩트 있는 모습을 보였으나 이상훈의 통산 성적은 다른 레전드 투수보다 다소 떨어진다. 308경기 출장, 71승 40패 98세이브, 평균자책점 2.56. 통산 100승도, 100세이브도 달성하지 못했다. LG의 또 다른 레전드 투수인 '노송' 김용수와 비교하면 그 차이점이 보인다. 김용수의 통산 성적은 613경기 출장, 126승 89패 227세이브, 평균자책점 2.98이다.

레전드 톱4에 선정된 이종범의 경우도 통산 타율이 3할을 넘지 않는다. 그의 통산 성적은 타율 0.297(6060타수 1797안타) 194홈런 730타점 510도루. 이 때문에 이종범의 전성시대를 보지 못한 팬이라면 '투수는 선동열, 타자는 이승엽, 야구는 이종범'이란 말이 이해되지 않을 수도 있다. 참고로 동시대를 뛰었던 양준혁의 경우 통산 성적이 타율 0.316(7332타수 2318안타), 351홈런 1389타점이다. 결과론적으로 이종범은 3위로 선정됐고 양준혁은 7위로 뽑혔다.

통산 성적만 놓고 보면 의구심이 들 수도 있지만 이종범은 한국 야구사에 큰 발자국을 남겼다. 1994년 타율 0.393을 기록했고 196안타, 84도루를 기록했다. 타율만 놓고 보면 KBO리그 유일한 4할 타자인 백인천(71경기 타율 0.412) 다음으로 가장 높은 기록이다. 시즌 100경기 이상까지 4할 타율을 유지한 선수는 40년 프로야구 역사상 이종범뿐이었다. 84도루도 지금까지 깨지지 않고 있다. 공격과 수비, 주루 능력까지 탁월하던 그였다.

이종범은 콘택트 능력뿐만 아니라 장타력까지 있었는데, 1997년에는 이승엽(32개)에 이어 홈런 공동 2위(30개)에 오르기도 했다. 당시 그는 약화한 해태 타선 탓에 집중 견제를 받으면서 최다 고의사구(30개)를 기록했다. 야구 전문가들은 일본 진출 첫해(1998년) 가와지리 데쓰로(한신 타이거스)가 던진 공에 맞아 오른쪽 팔꿈치 뼈가 부러지지 않았다면 이종범이 엄청난 성적을 냈을 것이라고 입 모아 말한다.

이상훈, 이종범 외에 백인천, 박철순 등이 통산 기록과는 무관하게 강한 임팩트로 레전드 40명에 이름을 올렸다. 백인천의 4할 타율과 함께 박철순의 단일 시즌 22연승은 지금껏 정복되지 않은 대기록이다. 박철순의 통산 기록은 76승 53패 20세이브, 평균자책점 2.95다.

레전드 40명은 야구 전문가와 팬의 투표를 일정 비율로 합산해서 선정됐다. 모든 투표가 그렇듯이 감성이 개입될 수밖에 없다. 통산 WAR(대체 선수 대비 승리 기여도) 같은 누적된 객관적 자료로만 레전드를 뽑았다면 아마 전혀 다른 명단이 작성됐을 것이다.

3월부터 11월까지 진행되는 야구라는 스포츠는 팬들의 일상과 함께하고, 순간의 임팩트는 기억 속에 짙게 각인된다. 단순 숫자만으로 평가될 수 없는 부분이 있다. 숫자를 뛰어넘는 그 무언가 있다. 20년, 30년이 더 흘러 기억이 사그라지고 '임팩트'가 희미해졌을 때는 레전드 명단이 또 달라져 있을 터다.

글 마무리에 다시 한번 되짚어 보는 의문. 인생은 임팩트일까, 꾸준함일까. 조금은 다르게 접근해 우리는 타인에게 강렬함으로 기억되기를 바랄까, 아니면 성실함으로 각인되기를 바랄까. 이도 저도 아닌 듯해 현실이 참 씁쓸하게 느껴진다. 다만 무미건조한 투명인간으로 남지 않기를. 혹은 아주 심심한 인생은 아니기를. 그저 숫자로만 평가되지 는 않기를.

인생은 '한 방'이라고?

2020년의 일이다. 사회인 야구를 하는 지인이 신났다. 문자로도 그 흥분이 전해졌다. 데뷔 첫 '손맛'을 봤는데 만루홈런이란다. 지인은 궁금한 듯 물었다. 프로에서도 흔한 일이냐고.

기록을 찾아봤다. 흔하지는 않지만 더러 있었다. 총 스무 차례. 가장 최근에는 한화 이글스 박상언이 2022년 두산 베어스와 경기에서 박신지를 상대로 데뷔 홈런을 만루홈런으로 뽑아냈다. 2016년 프로 입단 뒤 일곱 시즌 만에 경험한 '손맛'이었다. 박상언은 당시 "딱 치고 베이스를 돌 때 '와' 하는 게 조금 울컥하면서도 소름이 돋았다"라고 말했다.

한국 프로야구 원년(1982년) 개막전에서 이종도(MBC 청룡)가 삼성 라이온즈 이선희를 상대로 기록한 끝내기 만루

홈런도 그가 프로에서 친 첫 홈런이었다. LG 트윈스에서 뛰던 좌완 투수 차우찬은 지금껏 세 차례나 상대 타자에게 데뷔 첫 홈런을 그랜드슬램(만루홈런)으로 내준 기록이 있다.

데뷔 첫 안타를 홈런으로 기록한 타자는 꽤 많다. 2023 시즌까지 무려 99명(외국인 선수 30명)이나 된다. 메이저리그에서 활약하다가 2021년 KBO리그에 처음 모습을 보인 추신수(SSG 랜더스) 또한 개막 뒤 네 경기 동안 13타석(11타수) 무안타에 시달리다가 국내 무대 첫 안타를 홈런으로 장식했다. 극적일 수밖에 없는 '한 방'이었다.

프로 데뷔 첫 타석을 홈런으로 화려하게 장식한 사례도 있다. 그야말로 '한 방'으로 프로 무대에 입성한 셈이다. 미국 등에서 프로 생활을 하고 KBO리그에 데뷔한 외국인 타자를 제외하고도 15명이나 1군 무대 첫 타석에서 짜릿한 '손맛'을 봤다.

KBO리그 사상 가장 극적인 '프로 첫 홈런'은 송원국이 때려 냈다. 1998년 OB 베어스에 2차 1순위로 지명돼 팔꿈치 부상과 간염 등으로 2군에만 머물던 송원국은, 2001년 6월 23일 잠실 SK전 9회말 2사 만루 상황에서 강봉규 대신 대타로 프로 데뷔 첫 타석에 섰다. 점수는 6:6 동점인 상황. 그는 상대 투수 김원형의 초구를 그대로 받아쳐 끝내기 만루홈런을 만들었다. 프로 첫 타석 대타 초구 끝내기 만루홈런의 진기록이 탄생한 순간이었다. 강렬한 첫인상을 남긴 송원국은 그해 한국시리즈 우승에도 이바지하며 미래 유망주로 평가받았다.

하지만 송원국의 프로 생활은 길지 않았다. 끝내기 만루홈런 이후 1년여 지난 2002년 8월 9일, 잠실구장으로 가던 중 차가 전복되는 사고를 당해 왼쪽 무릎 인대를 심하게 다쳤다. 긴 재활의 시간을 가졌지만 그는 끝내 회복하지 못하고 다시는 그라운드를 밟지 못했다. KBO리그 역사상 가장 화려하게 등장했지만 그의 프로 삶은 너무 짧았다. 프로 통산 성적은 81경기 출전(2001~2002년), 타율 0.267(146타수 39안타) 6홈런 28타점. 남보다 이른 은퇴를 한 송원국은 외제차 딜러를 거쳐 모교인 광주일고에서 코치 생활을 했고 현재 안산공고 감독으로 있다.

송원국처럼 데뷔 첫 타석 때 홈런을 때린 선수들의 면면을 살펴보면 이렇다. 이석규(롯데 · 1984년), 윤찬(LG · 1992년), 조경환(롯데 · 1998년), 허일상(롯데 · 2002년), 허준(현대 · 2006년), 권영진(SK · 2008년), 황정립(KIA · 2012년), 조성우(SK · 2013년), 김웅빈(넥센 · 2016년), 김태연(한화 · 2017년), 강백호(KT · 2018년), 신윤후(롯데 · 2019년), 이재용(NC · 2022

년), 김영웅(삼성 · 2022년). 물론 타이론 우즈(OB 베어스), 톰 퀸란(현대 유니콘스) 등 외국인 선수도 있다.

외국 선수들을 제외하고 한국 선수들만 놓고 보면 첫 홈런 이후 성적이 좋았던 선수가 그리 많지는 않다. 권영진은 첫 타석 홈런이 프로 통산 유일의 홈런이었다. 이석규, 윤찬, 허일상, 황정립 등은 통산 홈런이 단 두 개뿐이다. 데뷔 타석 때 '손맛'을 보고 이후 딱 한 번만 홈런을 경험한 셈이다. 허준, 조성우는 통산 홈런이 네 개다. 이들 대부분은 프로 선수 생활도 짧았다. 통산 타율도 2할 안팎에 머문다.

오랜 2군 생활 뒤, 혹은 주목받는 신인 타자로 처음 선 1군 타석에서 야구의 꽃, 홈런이라는 잭팟을 터뜨리며 꽤 잘 끊었던 출발 테이프. '꽃길'만이 예상되던 그 길에서 꽤 많은 타자가 의외로 '흙길'을 걸으며 조기 은퇴했다. 간절하게 서고 싶던 1군 첫 타석에서 일궈 낸 엄청난 성과로 긴장감이 사라져 버렸던 것일까. 어쩌면 너무 쉽게 생각했을 타격. 하지만 '야구의 신'은 그리 호락호락하지 않다.

유재신은 2018년, 프로 첫 홈런을 그랜드슬램으로 장식했으나 그것이 처음이자 마지막 프로 홈런이 됐다. 2008년 프로 데뷔 뒤 3838일 만에 터뜨린 홈런이 그의 유일한 홈런이다. 대주자 전문이던 그에게 주어진 516경기 395타수에서 허락된 단 한 번의 '한 방'이었던 셈이다.

물론 프로 첫 타석 홈런을 밑천으로 날개를 활짝 편 선수도 몇몇 있다. 신인으로 1998년 개막전 2회에 축포를 쏘아 올린 조경환은 통산 131개의 홈런을 기록했다. 데뷔 때부터 '마법사 군단'의 든든한 기둥이 된 고졸 신인 강백호도 여러 부침을 겪었으나 KT의 든든한 중심 타자로 성장해 있다. 강백호 또한 프로 데뷔전(개막전)에서 홈런포를 쏘아 올린 터다. 김웅빈은 키움의 내야를 지키면서 타격에서도 좋은 모습을 보이고 있다.

'큰 것'만 노리는 시대다. '인생 한 방'을 노리며 한때는 부동산 갭투자가, 한때는 비트코인 같은 암호화폐가 인기를 끌었다. 한 번에 수십억 원을 벌었다거나 수백억 원의 수익을 내서 당당하게 퇴사했다는 풍문도 여기저기 떠돌았다. 상대적 박탈감에 '벼락거지'가 됐다는 말도 심심찮게 들었다.

그런 얘기를 들을 때마다 진짜 '인생은 한 방일까'라는 생각이 들기도 한다. KBO리그 41년 홈런 역사를 돌아보면 딱히 그런 것 같지도 않은데 말이다.

사실 인생은 한 방이 아니라 그 한 방을 위한 노력과 그 뒤의 지구력에 달린 게 아닐까. 인생이 '한 방'이라면 지금의 노력이 조금 슬플 것도 같다. 아직 한 방을 경험해 보지 못했지만 말이다.

아무리 바빠도 베이스는 밟자

2:2로 맞선 연장 11회말 1사 만루. 타자는 2구째 체인지업을 받아쳤고 타구는 좌익수 쪽으로 날아갔다. 상대 수비수는 혼신의 힘을 다해 타구를 잡으려 했으나 공은 그라운드에 한 번 튕기고 글러브로 들어갔다. 3루 주자는 홈플레이트를 밟고 환하게 웃으면서 박수를 쳤다. 야구장 안 모두가 경기 종료를 생각했다.

하지만 웬걸, 경기는 끝나지 않았다. 끝내기 득점이 인정되지 않았다. 2022년 5월 18일 서울 잠실야구장에서 열린 두산 베어스와 SSG 랜더스 경기 때 일어난 일이다.

주자들의 '본헤드 플레이'가 문제였다. 타자 조수행의 타구가 뜬공이 아니라는 사실을 인지한 뒤 주자들은 다음 베이스로 진루해야 했는데 1루 주자 안재석도, 2루 주자 정수빈도 경기가 끝났다고 생각한 탓인지 그라운드 위에 어정쩡하게 서 있었다. 이때 조수행의 타구를 원바운드 슬라이딩으로 잡은 SSG 좌익수 오태곤은 유격수 박성한에게 공을 던졌고 박성한은 2루 주자 정수빈을 태그아웃(수비팀이 공격팀 신체 부위를 접촉해 아웃시킴)시킨 뒤 2루 베이스를 밟아 안재석까지 포스아웃(수비팀이 베이스를 밟아 주자를 아웃시킴)으로 엮어 냈다.

KBO 공식야구규칙 5.08 '득점의 기록' (a)항 부기에 따르면, 주자가 홈에 들어가더라도 타자 주자가 1루에 닿기 전에 아웃되거나, 주자가 포스아웃되거나, 선행주자가 베이스를 밟지 못해 세 번째 아웃카운트가 이뤄지면 득점으로 인정되지 않는다.

즉, 두산 3루 주자 김재호가 홈플레이트를 먼저 밟든 안 밟든 주자들이 아웃되면 득점은 인정될 수 없었다. 심판진이 4심 합의 끝에 '경기 끝'이 아닌 공수 교대를 지시한 배경이다. 만약 박성한이 2루 주자 태그를 하지 않고 2루 베이스를 먼저 밟았다면 3루 주자의 끝내기 득점은 인정되는 터였다. BQ(야구의 IQ에 해당하는 야구지수)가 중요한 이유다.

공수가 바뀐 뒤에는 어떤 일이 벌어졌을까. 끝내기 상황을 주자들의 안일함으로 날린 두산은 정신없는 12회초를 보냈다. 특히 우익수 수비에 나선 조수행은 더 혼이 나간

듯했다. 두산은 1사 1, 3루에서 케빈 크론의 뜬공을 놓치면서 2타점 3루타를 허용했다. 프로 데뷔 6년 만의 첫 끝내기 안타가 좌익수 앞 병살타로 바뀌었으니 수비에 도통 집중할 수 없었던 것. 결국 두산은 2:5로 졌다. 연패를 끊지 못한 두산은 다음 날도, 그다음 날도 졌다. 연패가 '5'까지 늘어나다가 5월 21일 롯데전에서 겨우 끊었다. 그리고, 7년 연속 한국시리즈에 올랐던 두산은 2022시즌을 9위로 마감했다. 김태형 당시 두산 감독은 "그 경기 이후 팀 분위기가 완전히 가라앉았다"라고 평했다.

두산뿐만이 아니다. 프로야구에서는 종종 말도 안 되는 플레이가 나온다. 2011년 채태인은 1루에 있다가 외야 뜬공 때 안타인 줄 알고 2루로 뛰어 베이스를 밟았다 다시 2루를 밟고 1루로 되돌아가려다가 수비수가 뜬공을 떨구는 것을 확인하고 3루로 다시 뛰었다. 하지만 2루를 밟지 않고 3루로 뛰어서 '누의 공과'로 아웃됐다.

송지만은 1999년 홈런을 치고도 홈플레이트를 밟지 않아 홈런이 3루타가 되고 말았다. 1997년 김영진은 9회말 2사 1, 2루 낫아웃(삼진아웃 때 포수가 공을 놓쳐 타자가 1루로 진출하는 것) 상황을 착각하고 경기가 끝났다고 판단해 공을 관중석으로 던졌다가 타자를 살려 줘 역전의 빌미를 제공

했다. 포수 유강남은 LG 트윈스 소속이었던 2021년 SSG 전에서 이미 죽은 주자를 다시 죽이려 하다가 다른 주자에게 끝내기 결승점을 헌납했다. 유강남의 플레이는 지금도 '유령 주자 사건'으로 회자된다.

'본헤드(Bonehead)'는 '바보' '멍청이'를 뜻한다. '본헤드 플레이'는 수비나 주루 플레이를 할 때 잘못된 판단으로 어처구니없는 실수를 저지르는 것을 말한다. 야구에서 '본헤드 플레이'란 말이 처음 등장한 것도 끝내기 상황에서 나온 어이없는 주루 실책에서 기인한다. 두산과 여러모로 비슷했다.

1908년 뉴욕 자이언츠(현 샌프란시스코 자이언츠)와 시카고 컵스는 치열한 우승 경쟁을 펼쳤다. 9월 23일 두 팀의 경기는 이목을 집중시켰고 1:1로 팽팽하던 9회말, 자이언츠는 2사 1, 3루 끝내기 찬스를 맞았다. 엘 브리드웰이 중전 적시타를 날리면서 경기는 자이언츠의 승리로 끝나는 듯했다. 맞수를 이긴 데 광분해 관중도 그라운드로 난입해 이 상황을 즐겼다.

그러나 다음 날 경기는 '무승부'로 결론 났다. 당시 자이언츠 1루 주자였던 프레드 머클이 2루 베이스를 밟지 않고 더그아웃으로 들어가 버렸기 때문. 당시 공을 잡은 컵스 2루수 조니 에버스가 2루 베이스를 밟았고 컵스 감독은 포스아웃을 주장해 사무국이 이를 받아들였다. 3루 주자의 득점은 두산처럼 인정되지 않았다. 두 팀은 정규리그 성적에서 동률을 이뤘고 단판 승부 끝에 컵스가 이겼다. 9월 23일 경기가 끝내기 승리로 인정됐다면 정규리그 우승은 당연히 자이언츠의 몫이었다. 컵스는 분위기를 타고 월드시리즈까지 제패했다. (흥미롭게도 컵스는 이때 우승 이후 2016년까지 108년 동안 월드시리즈 왕좌를 차지하지 못했다.)

리그 최대 맞수인 컵스가 월드시리즈 우승까지 했으니 자이언츠 팬들의 마음이 오죽했을까. 분노의 화살은 당시 내셔널리그에서 가장 어린 선수였던 열아홉 살 머클에게 향했다. (반대로 당시 시카고 술집 등은 이름을 '머클'로 바꾸기도 했다.) 이후 머클은 '본헤드 머클'로 불렸다. '본헤드'는 주홍글씨처럼 평생 그를 따라다녔고 그의 딸은 학교에서 '본헤드 딸'이란 말까지 들어야만 했다. 1926년 은퇴 때까지 그가 겪었을 고통을 짐작할 수 있다.

언론부터 팬까지 머클에게 필요 이상의 비난을 퍼부었을 때 한 사람만은 끝까지 그를 감쌌다. 존 맥그로 당시 자이언츠 감독이다. 그는 정규리그 우승을 뺏겼다며 사무국에 화냈지만 열아홉 살 어린 선수는 절대 비난하지 않았다. "다른 경기에서 이겼으면 아무 문제가 없었을 것"이라면서 패배했던 다른 경기들을 지적했다. 머클의 실수로 인한 무승부도 결국 정규리그 한 경기일 뿐이라는 얘기다.

두산-SSG 경기에서 하나는 배웠다. 끝내기 상황이어도 반드시 선행주자는 다음 베이스를 밟아야 한다는 것. 야구는 절대 끝날 때까지 끝난 게 아니라는 것을. 그것이 비단 끝내기 상황이어도 말이다. 또 하나, 상대의 실수를 '본헤드 플레이'로 만든 것은 끝까지 기본을 지킨 수비수였다는 점도 잊지 말자. 야구에서든 인생에서든 몸에 밴 기본기는 언제, 어디에서든 드러난다.

간파당했을 때, 꿇을까 뚫을까

응?

NC 다이노스 3루수 박석민이 1루와 2루 사이로 간다. 1, 2루 사이에 수비수만 4명이다. 1루수, 2루수, 3루수 그리고 우익수가 모여 있다. 그렇다면 3루에는? 아무도 없다. 2, 3루 사이에는 그저 유격수만 있을 뿐. 왼쪽이 아주 휑하다.

타석에는 오재일(당시 두산 베어스). 왼손 타자인 오재일의 타구는 1, 2루 사이로 많이 간다. 거의 당겨 치기만 해서 그렇다. (반대로 오른손 타자가 당겨 치면 공은 2, 3루 사이로 많이 간다.) 그렇다고 2, 3루 사이를 포기하다니. 이렇게 극단적인 수비라니.

2020년 한국시리즈 때 풍경이었다. 오재일의 타구는 거의 1, 2루 사이로만 갔고 잘 맞았다 싶은 타구도 NC 수비수 글러브에 빨려 들어갔다. 이 모습을 바라보던 기자들은

'차라리 번트라도 대지' 했다. (오재일이 번트를 대긴 했다. 하지만 번트에 익숙지 않아 모두 파울이 됐다.)

하긴 야구는 확률의 게임이다. 투수와 포수를 제외한 수비수 일곱을 데리고 선택과 집중을 통해 수비 효율을 극대화해야 한다. 도박처럼 보이지만 나름 빅데이터에 기반을 둔 수비 변형이다. 야구에선 '시프트'라고 한다. 맨 처음 이런 수비 변형이 나왔을 때는 주변 사람들이 모두 기함했다. 일명 '테드 윌리엄스 시프트'였다.

1940년대 미국 프로야구에선 테드 윌리엄스(보스턴 레드삭스)처럼 무시무시한 타자는 없었다. 윌리엄스는 메이저리그 마지막 4할 타자(1941년)이기도 하다. 그가 자발적으로 군에 입대해 3년 동안 공백기를 갖지 않았다면 메이저리그 개인 기록 역사는 달라졌을 수도 있다. (윌리엄스는 공군 조종사로 한국전쟁에도 참전했다.)

제2차 세계대전이 끝난 뒤 윌리엄스가 다시 리그로 돌아왔을 때 상대 팀은 그를 막기 위해 모든 수단을 강구했다. 하지만 그의 신들린 타격을 막을 방법은 없었다. 투수들은 지레 겁먹고 승부를 피하다가 볼넷을 내주기 일쑤였다.

그런데 단 한 사람, 클리블랜드 인디언스의 유격수 겸 감독이던 루 부드로는 이를 두고 볼 수 없었다. 1946년 7월 14일 더블헤더(같은 팀이 하루에 연속해서 두 번 치르는 경기) 2차전에 앞서 회의를 통해 비장의 수비 대형을 꺼내 들었다. 선수들이 "미쳤냐"며 반발했으나 그냥 밀어붙였다. 감독 스스로 선수로 수비에 들어가 있으니 가능한 결정이기도 했다.

당시 선보인 수비 대형은 2루수는 1루수와 중견수 사이에 위치하고 3루수는 2루 베이스에, 유격수는 1, 2루 사이에 서는 형태였다. 2, 3루 사이 내야는 아예 비워 버렸다. 좌익수 혼자 왼쪽을 전부 책임졌다.

윌리엄스가 극단적으로 당겨 치는 타자였기 때문에 꺼낼 수 있던 수비 변형 카드였다. 그의 타구 약 85퍼센트는 1루와 2루 사이로 갔다. 15퍼센트 확률 때문에 굳이 3루 쪽까지 수비수가 설 필요가 없다고 부드로는 판단했다.

결과는 어땠을까. 기록상으로는 성공했다. 1차전 때 5타수 4안타(3홈런) 8타점의 괴력을 선보인 윌리엄스는 수비 위치가 바뀐 2차전에선 2루타 한 개만 쳤다. 운명의 장난인지 윌리엄스가 때린 공은 1, 2루 사이에 서 있던 '유격수' 부드로한테 잡히기도 했다.

이후 다른 팀들도 레드삭스를 상대할 때는 윌리엄스가 타석에 들어서면 변형된 수비 대형을 선보였다. 이 과정을 통해 '테드 윌리엄스 시프트'라는 말이 나왔다. 사실 윌리엄스의 경우 텅 빈 2~3루 쪽으로 공만 살짝 굴렸어도 출루할 수 있었다. 하지만 역사적으로 가장 위대한 타자가 되고 싶던 윌리엄스는 시프트를 비웃으면서 꿋꿋하게 하던 대로 방망이를 휘둘렀다. "공을 굴리지 않고 아예 담장 밖으로 넘겨 버리겠다"라고 엄포도 놨다. 시프트를 깨기 위해 통산 8~10차례 3루 쪽으로 기습 번트를 대기는 했지만 말이다.

한 통계에 따르면, 윌리엄스는 이런 수비 대형 때문에 통산 타율에서 15퍼센트 정도 손해를 봤다고 한다. 윌리엄스의 통산 타율은 0.344였다.

윌리엄스 이후 이런 시프트는 왼손 강타자에게 으레 사용됐다. 배리 본즈, 데이비드 오티즈, 제이슨 지암비 등도 이런 시프트와 마주했다. 지금은 '오버 시프트'로 불리는데, 앞서 언급한 오재일을 비롯해 최형우(KIA), 김현수(LG), 김재환(두산) 등이 타석에 설 때도 이런 시프트가 나온다. 은퇴한 이승엽도 이런 수비 대형에 안타를 여러 번 뺏겼다.

사실 야구 경기 때 같은 자리에 계속 서 있는 수비수는 없다. 타자가 누구냐에 따라, 마운드 위 투수가 누구냐에 따라 수비 대형은 조금씩 달라진다. 왼쪽이나 오른쪽, 안

쪽이나 바깥쪽으로 반 발짝씩 움직이는 모습이 잘 보이지 않을 뿐이다. '잘 맞았다' 싶은 타구가 상대 수비수 글러브로 쏙 빨려 들어가는 이유는 '운'이 아니라 선점한 수비 위치에 따른 확률의 성공이라고 볼 수 있다.

데이터 축적 기술의 발달로 야수의 타격 습관은 몇 경기만에 상대 팀에 간파당한다. 타구가 떨어질 위치에 선 상대 수비를 깨뜨릴 수 있는 것은 더 빠르고, 더 강한 타구밖에 없다. 혹은 밀어 치기를 계속 연마해서 좌중우 아무 곳이나 자유자재로 타구를 날릴 수 있는 선수로 거듭나거나. 진화하지 않으면 퇴보한다. 야구도 인생과 같다.

삶에서 '안타다' 하는 순간이 있다. 평소라면 1, 2루 수비수 사이를 뚫고 빠져나갔을 아주 만족스러운 타구를 날린 때. 하지만 1루로 막 뛰어나갈 찰나, 어느새 2루수가 타구를 낚아채는 게 보인다. 두 발은 그 자리에서 얼어붙는다.

다음 타석에서는 어떻게 해야 할까. 더 강한 타구를 날려서 수비수도 꼼짝 못 하게 할까, 아니면 의도적으로 밀어 치기를 해 볼까. 방망이를 눕혀서 2, 3루 구간으로 번트를 대 보는 것은 어떨까. 자존심을 세울까, 자존심을 굽힐까. 뚫을까, 꿇을까. 선택은 오롯이 타석에 선 자의 몫이다.

다른 사람, 비슷한 사람, 누구를 옆에 둬야 할까

'이병규가 삼성 수석코치를?'

조금은 의아했다. 이병규는 LG 트윈스 프랜차이즈로 선수 은퇴 뒤에도 내내 LG 코치로 있었다. 그런데 삼성 라이온즈 수석코치로 간다고 하니 '왜?'라는 물음부터 생겼다. 박진만 감독의 요청이라는데, 박 감독과 이 수석코치는 사실 접점이 없다. 같은 학교를 나오지도, 같은 팀에 있어 본 적도 없다. 국가대표 때 잠깐 봤던 사이이다. 나이 또한 이 수석코치가 박 감독보다 한 살 많다. 박 감독에게 직접 그 이유를 물었다.

박진만 감독의 답은 이랬다. "나는 조용하고 묵묵한 편이다. 하지만 이병규 수석코치는 더그아웃에서 선수들을 격려하면서 분위기를 살리는 소통 능력이 뛰어나다. 내가 못 하는 부분을 채워 줄 수 있어, 나와는 다른 유형의 수석코치가 필요했다." 수석코치를 감독의 오른팔이라고 한다면, 그보다 편한 이를 택할 수 있었을 텐데 박 감독은 아니었다.

박 감독의 결정에는 KT 위즈가 모델이 됐을 수 있다. 이강철 KT 감독은 2018년 말 KT에서 처음 사령탑 제의를 받아들이며 두 가지만 요청했다. 그중 한 가지가 '김태균 수석코치'였다. 이 감독과 김 수석코치는 현역 시절 삼성 라이온즈에서 1년간 함께 선수 생활을 했고, 2018시즌 동안 두산 코치로 함께했다.

KT 관계자는 "이강철 감독이 부드러운 캐릭터라면 김태균 수석코치는 강단이 있는 캐릭터다. 두 분 성격이 다른데 김 수석코치는 솔직 담백한 부분이 있어서 이 감독에게 지금도 직언을 서슴지 않는다"고 했다. KT는 이강철 감독-김태균 수석코치 체제를 지금껏 이어 오면서 2021년에는 창단 첫 우승도 경험했다.

2022년 말 LG 지휘봉을 잡은 염경엽 감독은 한발 더 나아갔다. 그동안 서로 이름만 알던 이를 수석코치로 앉혔다. "나와 야구로 싸울 수 있는 사람을 데려오겠다"더니 김정준 전 SSG 랜더스 전력분석팀장을 데려왔다. 염 감독에 따르면 이들은 "한 조직 안에서 생활해 본 적도 없고, 사석에서 밥 한 번 먹은 적도 없는" 사이다. 그래서 염 감독의 선택은 더욱 뜻밖이었다.

염 감독은 꽤 낯선 조합을 이리 설명했다. "수석코치는 상대에 대해 같이 공부하고, 기회가 되면 머리를 맞대고 토론하면서 막말이든 뭐든 어떤 말도 할 수 있는 관계여야 한다고 생각했다. SK 와이번스(현 SSG 랜더스) 감독 시절 위기에 처했을 때 모두 나만 바라보는 게 힘들었다. 감독과 코치가 적극적으로 의견을 나눠야 다양하고 좋은 아이디어가 나올 수 있다."

염 감독과 김 수석코치는 둘 다 "야구를 잘 알고, 야구 공부를 게을리하지 않는다"는 공통점이 있다. 요즘 추세인 데이터 야구에도 관심이 많다. 염 감독은 이런 열정이 상호작용을 일으켜 팀을 한 단계 더 도약시킨다고 믿었다. 그리고, 2023년 더그아웃에서 의기투합한 이들은 LG를 29년 만의 정규리그, 한국시리즈 통합 우승으로 이끌었다.

'반달곰' 사령탑으로 5년 만에 지도자로 그라운드에 돌아온 이승엽 두산 베어스 감독은 안정적인 선택을 했다. 낯선 구단에서 지도자로 첫발을 내딛는 그로서는 가장 믿을 수 있는 든든한 조력자가 필요했다. 이 감독은 현역 시절 '형'으로 불렀고, 일본 프로야구를 경험하고 돌아온 뒤에는 '코치님' '감독님'으로 불렀던 김한수 전 삼성 감독을 수석코치로 발탁했다. 나이가 다섯 살이나 더 많아 자칫 어려울 수 있는데 이 감독은 김한수 수석코치의 사령탑 경험치를 높이 샀다.

이 감독은 "김한수 수석코치는 인간적으로 존경하는 분"이라면서 "카리스마도 있고 내가 망각하거나 자칫 지나칠 수 있는 부분을 잡아 줄 분으로, 한 번 더 생각할 시간이 필요할 때 김한수 수석코치라면 도움이 될 것이라 판단했다"라고 말했다. 실제 2023시즌을 구상할 때 간과했던 것을 딱 짚어 줘 "선택을 잘했구나"라고 생각했다고 한다. 이 감독은 김 수석코치와 함께 두산에 다시 가을야구를 안겼다. 2023시즌 뒤에는 스승이었던 박흥식 코치를 수석코치로 영입했다. 김한수 코치에겐 타격코치 중책을 안겼다.

이승엽 감독처럼 보통의 사령탑은 가장 믿을 수 있는 사람을 수석코치로 곁에 둔다. KBO리그 사상 최초로 '와이어 투 와이어(시즌 처음부터 마지막까지 1위 유지)' 우승을 일궈 낸 김원형 전 SSG 감독도 그랬다. 그는 우승 뒤 계약 연장을 하고 나서 조원우 벤치코치를 수석코치로 보직 변경했다. 조원우 수석코치는 김 감독의 최측근이다. 이들은 쌍방울 레이더스(1994~1999년)에서 함께 선수 생활을 했고,

SK 창단 멤버로도 있었다. 이후 지도자 생활을 다른 곳에서 이어 가다가 2016시즌 롯데 자이언츠에서 '감독 조원우'와 '수석코치 김원형'으로 조우했다. 7년이 흐른 뒤 역할이 바뀐 셈이다.

김원형 감독은 조원우 수석코치에 대해 "현역 시절부터 깊은 인연을 맺어서 내가 가장 믿을 수 있는 사람"이라고 설명했었다. 함께한 세월이 길어 둘 사이에 의리가 깊다. 조 수석코치 또한 감독 경험치가 있어 김 감독이 놓치는 부분을 짚어 주고는 했다. 김 감독은 2022년 한국시리즈 3차전 뒤 "중요한 순간에 김강민을 대타로 쓰려고 했는데 경기 중 깜빡했다. 대타를 낼 시점이었는데 내가 가만히 있으니, 조원우 코치가 와서 일깨워 줬다"라고 밝힌 바 있다.

강인권 NC 다이노스 감독은 정식 감독 첫해 수석코치로 전형도 코치를 앉혔다. 이들도 김원형-조원우 조합처럼 옛날부터 막역한 사이다. 두산에서 함께 선수 생활을 했고 지도자로 변신한 뒤에는 한화와 두산에서 함께 코치로 있었다.

두산을 7년 연속 한국시리즈로 이끌었던 김태형 감독은 2023시즌 뒤 롯데 사령탑으로 부임하면서 김민재 수석코치를 데려왔다. 김민재 수석코치는 김태형 감독이 두산 감독으로 있을 때 1군 작전코치(2019~2020시즌)를 했었다. 김 수석코치가 부산에서 프로 데뷔해 10년간 롯데 내야를 책임졌고, 잠깐 롯데 수비코치(2017~2018시즌)를 했던 것도 김태형 감독에게는 도움이 될 것 같다. 자이언츠 야구 DNA를 잘 파악하고 있을 것이기 때문이다.

수석코치라는 자리는 감독과 공동운명체일 수도, 아닐 수도 있다. 수석코치는 긍정적으로는 감독과 선수단의 가교 구실이나 경기 때 조력자 역할을 해 주기도 하지만 부정적으로는 감독과 선수단, 혹은 프런트 사이에 분란을 일으키는 존재가 되기도 한다. 40년 프로야구 역사에서 수석코치의 다분히 의도된 내부 정치질로 해당 구단 감독이 궁지에 몰리거나 급기야 해고되는 일도 있었다. 배신의 정치는 어디에나 있고, 야구판에도 물론이다.

내 성장을 위해, 혹은 내가 속한 조직의 발전을 위해 누구를 내 곁에 둬야 할까. 나와 전혀 다른 이를 발탁해 발전적 시너지 효과를 노릴까, 아니면 가장 믿을 만한 사람으로 채워 조직 안에서 내 힘을 키울까. 전자든 후자든 밑바탕에는 강한 믿음이 깔려야만 할 것이다. 그 믿음이 흔들리면 조직은 모래알로 산산히 흩어질 테니 말이다.

SNS를 보다가 피식 웃었다. '야구팬은 왜 항상 화가 나 있는가'라는 제목의 글인데, 화날 수밖에 없는 이유를 그럴듯하게 풀어 놓았다.

하긴, 야구는 화가 많은 종목이다. 경기 자체에 여백이 많아서 온갖 생각이 다 든다. 게다가 프로 스포츠 가운데 연간 경기 수가 제일 많기도 하다. KBO리그의 경우 1년에 144경기(포스트시즌에 진출하면 더 많아진다)를 하는데, 아무리 잘하는 팀이라도 해마다 50경기 이상은 진다. 최소 50일 동안 해당 팀의 팬은 우울하거나 짜증 나거나 체념하거나 화날 수밖에 없다.

2023시즌을 보자. 29년 만에 통합 우승을 차지한 LG 트윈스는 정규 시즌 때 56패(86승 2무), 한국시리즈 때 1패(4

승)를 했는데 LG 팬 또한 적어도 57일은 기분이 좋았을 리 없다. (일요일 경기에 졌다면 다음 경기가 펼쳐지는 화요일까지 그 기분이 이어진다.)

키움 히어로즈 팬들은 어땠을까. 키움은 2023시즌 83패(58승 3무)를 당했다. 키움이 졌던 83일은 1년의 22.7퍼센트. 평균 다섯 날 중 하루는 우울했다는 뜻이다. 지난 10년간 이기는 날보다 지는 날이 많았던 한화 팬들이 '보살'로 불릴 만큼 득도할 수밖에 없는 이유이기도 하다. 안 그러면 일상이 너무 피폐해진다.

응원팀이 이겼다고 팬 모두가 기쁜 것도 아니다. 2023시즌 초반 LG가 그랬다. 염경엽 신임 감독의 작전 야구 때문에 누상에서 주자의 횡사, 객사가 이어지면서 불만이 생긴 팬이 적지 않았다. "이겨도 기쁘지가 않다"라는 말이 흘러나왔다. 여유롭게 이길 수 있던 경기를 막판 투수 교체나 실책으로 졸전 끝에 가까스로 이겼을 때도 실망하는 팬이 나온다. 야구 경기 하나에 온갖 감정이 뒤엉켜 이긴 날에도 같은 팀 팬들이 설전을 벌인다.

팬들 개개인의 '화'는 때로 트럭시위 등으로 이어진다. 2023년에도 한화, KIA, 삼성 등의 팬들이 트럭시위를 했다. 트럭시위의 일일 비용은 대략 80~100만 원. 팬 커뮤니티에서 반나절 정도면 모을 수 있는 액수다.

코로나19 유행기에 비대면의 일상화로 '몸'은 안 가고 '문구'만 보내는 트럭시위가 보편화한 감이 없지 않다. 야구장 앞이든, 모그룹 사옥 앞이든, 사람이 많이 모이는 공원이든 활자화해 '화'를 잔뜩 담은 트럭을 보내기만 하면 된다. 한 구단 관계자에 따르면 "모그룹 앞에서 하는 트럭시위는 신경이 쓰일 수밖에 없다"고 한다.

응원팀 승패에 따른 스포츠팬의 감정 변화는 과학적으로도 증명된다. 영국 서식스대학의 경제학자 피터 돌턴 등은 축구 경기 승패에 따른 팬들의 감정 상태를 객관적 데이터(300만 개 표본)로 추출했다. 그 결과 팬들은 응원 팀이 이겼을 때 평소보다 3.9점 정도 더 행복하다고 느끼며, 패했을 때는 슬픔의 강도가 7.8점에 이르는 것으로 나타났다. 더불어 승리의 기쁨은 찰나이고, 슬픔의 그림자는 꼬리가 길어서 승리했을 때 얻는 기쁨의 네 배를 강탈해 간다고 한다. 야구팬들은 오죽할까. 야구 시즌은 6개월가량 이어지는데.

미국 켄터키주 머레이주립대학 심리학자인 대니얼 완 교수는 〈스포츠행동학회(Journal of Sport Behavior)〉에 발표한 스포츠 관중에 관한 연구 논문에서 "스포츠팀에 대한 팬의 일치감은 사람들이 그들의 국적, 민족, 심지어 성별과 동일시하는 방법과 유사성을 보인다. 팀과의 동질감은 팬들이 팀과 심리적으로 연결된 것으로 느끼고 팀의 성과가 자신과 관련된 것으로 간주할 정도"라고 했다. 그러니까, 핵심은 '동질감'이다.

캐나다 웨스턴온타리오대학의 로버트 J. 피셔 마케팅학 교수는 이러한 동질감, 일치감에 대해 "동질감은 우리가 자신을 보는 방식의 일부이고 쉽게 변하지 않는다. 자기 스스로를 가족(팀)의 일원으로 본다면 더욱 그 역할은 변하지 않는다. 이런 유형의 연결은 매우 오래가고 강력하다"고 말했다. 매일 져도, 매년 꼴찌를 해도 어찌 버릴 수 있겠는가. 이미 매일 보는 '가족' 같은데.

미국 인디애나대학 블루밍턴의 심리·뇌과학 부교수인 에드워드 허트는 아예 "팀은 자아의 연장선"이라는 결론을 내린다. 1990년대 초 팀 충성도가 개인의 능력과 자존감에 대한 믿음에 미치는 영향을 조사했는데, 자기 팀이 승리하는 것을 지켜본 팬은 자기 팀이 지는 것을 지켜본 팬보다 자신의 업무 성과와 개인적 자부심이 훨씬 더 높았다.

허트 부교수는 "우리가 당시 발견한 가장 강력한 사실은 팬들이 팀의 성공을 개인의 성공과 비슷하게 여긴다는 것이었다"고 말했다. 응원팀의 승패는 물론이고 플레이 하나하나에 화날 수밖에 없는 이유라고 하겠다. 가뜩이나 야구라는 스포츠는 공 하나하나에 집중한다. 그리고 공 사이사이 여백에 여러 'IF(만약)'를 집어넣게 된다.

영화 〈날 미치게 하는 남자〉(2005)에서 보스턴 레드삭스 광팬인 주인공 벤은 야구를 보는 행위에 대해 "내가 통제할 수 없는 뭔가에 영혼을 투자하는 것"이라고 설명한다. 시간, 돈, 영혼을 다 갈아 넣은 반면 늘 적자인 듯한 기분이 드는 게 어쩌면 당연한지도 모른다. 아무리 잘하는 팀이라도 평균적으로 열 번 중 세 번은 진다. 괜찮은 타자여도 열 번 중 일곱 번은 못 친다. 그리고 모든 공을 스트라이크존에 꽂는 투수도 없고, 스트라이크존 안에 들어온 모든 공을 쳐 내는 타자도 없다. 야구란 건 실패의 연속이다.

당연히 화날 수밖에 없다. 하지만 못 놓는다. 잘하는 팀으로 옮겨 가는 이른바 '팀 세탁'도 못한다. '우리 팀' '우리 선수' '우리 구장'에서 켜켜이 쌓아 온 일상의 시간을, 추억을 차마 버릴 수 없기 때문이다. 태어날 때부터 특정 팀의 팬으로 정해진 이들은 특히 더 그렇다. 야구는 마치 고향과 같다. 그리고 아무리 고통받고 힘들어도 내일 혹은 내년에 대한 기대와 희망을 놓을 수 없다. 응원팀이 강산이 세 번 바뀌는 동안 우승 한 번 못해도 가을, 겨울에 뿌린 희망으로 봄이면 '올해는 혹시나' 하는 꿈을 꾼다. '그럼에도 불구하고' 떼려야 뗄 수 없는 우리 팀이기 때문이다.

그깟 공놀이라서 화내고 울분을 토해 내도 그깟 공놀이라서 마음이 쓰이는 것을 어쩌란 말인가. 하지만 아무리 화가 나도 적정선은 지키자. '스포츠는 인격을 형성하는 것이 아니라 인격을 드러내는 것'이라는 말도 있으니까. '내일의 야구'는 아무도 몰라서 '오늘의 화'가 머쓱해질 수도 있다. 내일의 야구는 그만치 빨리 펼쳐진다.

우리 아이의 꿈은 얼마짜리일까

2021년 12월 KBO리그 골든글러브 시상식 때다. 아이가 2022 신인드래프트를 통해 프로에 지명된 야구 관계자와 한참 얘기를 나눴다. 아마추어 야구 현장에서 부모들 사이에 오간다는 "1억이면 회비조(기성회비만 내는 조), 2억이면 대학, 3억이면 프로"라는 말이 보편적 시각인지도 물었다. 그의 답은 이랬다. "그렇게 돈을 써도 프로 지명만 되면 계약금 등으로 어느 정도 만회는 되니까요. 그런데 우리 아들은 계약금 4천만 원밖에 못 받았어요."

프로야구 신인드래프트에서 아마추어 선수가 프로 지명될 확률은 10퍼센트 남짓밖에 안 된다. 10 대 1의 경쟁을 뚫고 프로 유니폼을 입는다고 해도 그때부터 진짜 생존경쟁이 시작된다. 실제 지명된 선수들이 1~2년 사이 프로 데

뛰할 확률은 50퍼센트도 채 안 된다. 2군 리그를 전전하거나 아예 2군 리그조차 못 뛰고 방출되는 선수도 있다.

그러나 이는 차후의 문제, 일단은 프로 입단이 필요하다. 입단 확률을 높이기 위해 야구 과외는 필수가 됐다. 야구 특성상 단체훈련 때 개개인이 방망이를 치거나 공을 던지는 횟수는 제한적일 수밖에 없기 때문이다. 학생 선수의 학습권 보장 등의 목소리가 커지면서 가뜩이나 줄어든 훈련 시간에 대기시간이 더 늘어났다. 학생 50여 명이 2~3시간 훈련할 때 배팅 케이지 안에서 타격 훈련을 몇 번이나 할 수 있을까. 그래서 단체연습을 하면 "훈련보다 잡담 시간이 더 많다"라는 불만이 나오기도 한다.

부족한 훈련량을 주말 등을 이용해 사설 야구 아카데미에서 채우는 것은 이제 자연스러운 일이 됐다. 옆 친구가 야구 아카데미에서 원 포인트 레슨을 받는데 무조건 학교 단체훈련에만 의지할 수 없는 노릇이기 때문이다. 붙박이 주전이라면 모를까 준주전급이라면 그 불안은 더욱 커질 수밖에 없다.

학생 선수와 부모의 불안한 심리를 자양분으로 야구 아카데미는 몇 년 사이 우후죽순으로 늘었다. 눈으로만 확인됐던 타구나 투구 궤적, 비거리 등을 기계화를 통해 좁은 공간에서도 충분히 측정할 수 있게 되면서 운동장 같은 큰 공간 대여도 필요 없게 됐다.

야구 레슨비는 꽤 비싸다. 한 달에 100~200만 원이 들어간다. 웨이트트레이닝(근력운동) 비용이나 재활훈련 비용을 따로 내기도 한다. 동문회 지원이 없을 때는 학교 야구부 감독과 코치 등에게 월급을 줘야 하기 때문에 기성회비로 월 70~100만 원을 따로 지출해야 한다. 여기에 선수들 부식비, 교통비와 겨울 전지훈련비가 별도로 들어간다.

이뿐일까. 고교, 대학 진학을 위해서는 일정 성적이 필요하기 때문에 보통의 아이들처럼 영어·수학 학원도 다녀야 한다. 형제 모두 야구를 시켰다가 서울 강남 아파트를 팔아 이사했다는 말이 허투루 들리지 않는다. 일반 학생도 대학 입학이나 진로를 위해 고액 과외를 받는 일이 있기는 하다. 하지만 이를 위해 집까지 팔았다는 말은 들어 본 적이 없다.

이른바 '돈이 되는' 아카데미 개설에 프로 은퇴 선수들이 몰리면서 강남은 이미 공급이 수요를 초과했다는 말도 들린다. 프로에서 물의를 빚어 불명예 은퇴한 선수가 이름을 바꿔 아카데미를 개설한 예도 있다고 한다. 한 야구 관계자는 "프로 1군에서 전혀 이름을 들어 보지 못했는데 아카데미를 낸 예도 있다"라고 했다.

아카데미가 많아지면서 선수 유치는 그만큼 치열해졌고 이 와중에 아카데미 간 흑색선전도 나온다. 주로 "○○○아카데미 코치가 아이들에게 욕설을 했다더라"라는 식이다. 지도자로는 자격이 부족한 이들이 아카데미를 운영해 물의를 일으키는 일도 허다하다. 스테로이드 약물 불법 주사 등도 이런 상황에서 터져 나왔다. 아이와 부모의 간절함은 돈에 눈먼 이들의 먹잇감이 되기 십상이다.

비단 아카데미뿐만이 아니다. 학교 현장 비리 또한 계속 적발되고 있다. 대개 입시 관련 비리다. 대학 입학을 빌미로 고교야구 감독이나 대학야구 감독이 학부모에게 돈을 받았다는 제보가 끊임없이 이어진다. 학부모가 대학 감독이나 심판 등에게 로비해 달라면서 주머니에 돈뭉치를 찔러주더라며 한숨 쉬는 아마추어 지도자도 여럿 만났다. 가장 최근에 들은 말은 "리틀야구에서 야구 주전 못 나가는 아이의 아빠가 더그아웃에서 감독한테 몰래 돈봉투를 찔러주는데 눈치 빠른 감독이 큰 소리로 '얘들아, ○○ 아빠 덕에 오늘 우리 회식하겠다'고 말하더라"였다. '돈봉투'가 불러올 파장을, 그리고 평생의 족쇄를 해당 감독은 알고 있던 것이다. 물론 관성적으로 이를 거부하지 못하는 감독 또한 있을 것이고.

몇 년 전 인터뷰했던 한 전직 야구 감독은 농담 반 진담 반으로 이런 말을 했다. "김 기자 아들 야구 시키면 프로 데뷔는 시켜 줄 수 있을 텐데요." 다른 몇몇 베테랑 감독, 코치 등도 아들에게 원 포인트 레슨을 해 주겠다고 했다. 다행인지 불행인지 아들은 운동신경이 둔했고, 야구를 비롯한 어떤 스포츠에도 관심이 없다. 만약 아들이 야구를 하고 싶다고 몇 날 며칠 졸랐다면 어찌 됐을까. 철저하게 객관적 입장에서 설득에 설득을 통해 야구를 포기하게 했을까, 아니면 무엇이든 꿈꾸기 힘든 시기에 꿈이 있다는 데 감사하며 20년간 쌓아온 사회적 친분을 최대한 발휘했을까. 어느 쪽이든 쉽지 않았을 것 같다.

폭등하는 사교육비 등을 생각하면 운동으로든 공부로든 아이 꿈에는 부모의 경제적 능력이 뒷받침돼야 하는 시대가 됐다. '헝그리 정신'만으로는 성공할 수 없는 시대가 된 듯해 서글프기도 하다. "아이는 계속 야구를 하고 싶어 했지만 집 경제 사정상 포기시켰습니다"라는 한 페친(페이스북 친구)의 글을 보고 씁쓸함만 더 밀려온다.

문득 그런 생각을 했다. 과연 우리 아이의 꿈은 얼마짜리일까. 그리고, 어린 시절 나의 꿈은 얼마짜리였을까.

안 던지는 공, 못 던지는 공

류현진을 보면 참 신기했다. 여러 해 동안 유용하게 쓴 체인지업이 상대에게 분석되면서 올해 고전하겠다 싶으면 어느새 다른 구종을 익히고 자기 것으로 만들어 놓고 있었기 때문이다.

본인 스스로는 '고속 슬라이더'라 칭하고, 외신에서는 '커터(커트 패스트볼)'라고 언급하는 공만 봐도 그렇다. 류현진은 LA 다저스 시절 어깨 부상으로 재활에 힘쓰다가 릭 허니컷 투수 코치로부터 고속 슬라이더를 전수받았다. 그리고 불과 몇 주 만에 공 하나를 뚝딱 자기 것으로 만들었다. 하긴 서클체인지업도 그랬다. 류현진은 2006년 한화 이글스 입단 뒤 팀 선배 구대성에게 서클체인지업을 배우고 곧바로 경기에 써 먹었다.

일반적으로 투수들은 구종을 익히는 데 어려움을 겪는다. 투구 자세와 손가락, 그리고 공 채는 기술이 구종마다 다르기 때문이다. 한때 '닥터 K'로 불리면서 최연소 100승을 달성했던 김수경이 한 예가 될 수 있다. 김수경을 옆에서 지켜봤던 김시진 전 롯데 자이언츠 감독은 "김수경은 슬라이더는 잘 던졌지만 커브는 엄청 연습해도 잘 안 됐다. 투구 자세에 따라 잘 던질 수 있는 구종이 있는데, 몸에 기억된 투구 자세를 거스르고 다른 구종을 익혀 나가기란 쉽지 않다"라고 했다.

명품 슬라이더를 갖고 있는 김광현(SSG 랜더스)은 한때 팀 동료였던 송은범(LG 트윈스)의 슬로 커브를 배우려다가 실패했다. '커브의 달인'이었던 김상현은 슬라이더를 잘 던지려다가 투구 자세가 흐트러져 커브까지 흔들리는 경험을 했다. 보통 새 구종 연마에는 이삼 년이 소요되며, 이후에도 결정구로 쓸 수 있을 지 여부는 알 수 없다. 그만큼 몸 쓰는 게 달라서 어려운 것이다. 스프링캠프 시작 전 "이번에는 ○○구종을 새롭게 장착할 것"이라고 각오를 말하는 선수들의 모습을 볼 때마다 물음표가 생기는 것도 이 때문이다.

1960년대만 해도 구종은 속구와 커브 정도뿐이었다. 그래서 국내 야구에 처음으로 슬라이더를 선보였던 김영덕 전 빙그레 감독은 실업야구에서 0.32의 경이적인 평균자책점을 기록하기도 했다. 당시에는 슬라이더뿐만 아니라 포크볼도, 체인지업도 없었다.

김성근 전 감독은 "1960~1970년대만 해도 속구와 낙차 큰 커브만 있으면 타자 상대가 가능했다. 다른 구종은 필요가 없었다. 하지만 타격 기술이 발달하면서 한두 가지 구종만으로는 프로에서 살아남기가 불가능해졌다"라고 했다. 속구, 체인지업만으로도 국내 무대를 평정했던 류현진이 그대로 한국 야구에 머물렀다면 진화할 수 있었을까.

차명석 LG 트윈스 단장은 "주무기가 확실한 투수는 다른 구종을 배우는 것을 주저하게 된다. 잘 던지는 공도 망가질 수 있다는 두려움 때문이다. 하지만 한계는 닥치고 그때 가서 후회하면 이미 늦다"라고 말했다. 잘 던지지 못해도, 던지다가 실패해도 던져 보려는 노력을 게을리해서는 안 된다는 뜻이다. 단조로운 구종 때문에 단명했던 선배 투수들을 반면교사로 삼을 필요가 있다.

불펜투수들은 보통 강속구 하나만으로도 마운드에서 살아남을 수 있다. 시속 155킬로미터를 넘나드는 강속구에 커브, 포크볼 같은 12시에서 6시 방향으로 떨어지는 변화구만 있으면 타자들의 방망이가 슝슝 허공만 가르게 되기 때문이다.

하지만 속구 구속은 나이가 들면서 떨어지기 마련이다. 세월이라는 건 모든 이에게 공평해서 속구의 감속을 막을 방법은 없다. 이때 필요한 게 또 다른 변화구다. 물론 늦었다고 판단될 때는 이미 늦다. 미리 준비해야만 한다.

오타니 쇼헤이(LA 다저스)의 경우 일본 프로리그 때는 시속 160킬로미터가 넘는 강속구와 시속 140킬로대 포크볼로 리그 최고의 투수로 우뚝 설 수 있었다. 2015 프리미어 19 대회 때도 두 구종만으로 한국 타자들이 쩔쩔맸다. 하지만 이후 슬라이더를 더욱 가다듬더니 최근에는 스위퍼까지 연마해서 던진다. 타석에서 맞서는 타자가 예측할 수 없을 만큼 진화를 거듭하고 있다. 웬만한 노력 갖고는 힘든 일이다.

살아가다 보면 빠른 속구를 던져야 할 때도, 느린 커브를 던져야 할 때도 있다. 때로는 체인지업 같은 변칙적인 공도 필요하다. 갖고 있는 구질이 많을수록 난제를 해결해 나가기는 쉬울 것이다.

문득 궁금해진다. 과연 우리 삶에서는 안 던지는 공이 더 많을까, 못 던지는 공이 더 많을까. 혹은 못 던져서 안 던지는 공이 더 많을까, 안 던져서 못 던지는 공이 더 많을까. 오늘은 하나라도 다른 공을 던져 보려고 해야겠다. 안 던지고 후회하는 것보다는 나을 테니까.

빠르다고 최고는 아니다

강속구의 시대다. '강'을 넘어 '광'으로 가고 있다. 메이저리그 투수 저스틴 벌랜더는 이에 대해 "야구의 새로운 시대가 열렸다. 이를 이끄는 것은 속도"라고 말하기도 했다.

미국 메이저리그 투수들은 더 빨리, 더 많은 강속구를 던지고 있다. 메이저리그 분석 자료를 보면 2008년에는 평균 시속 95마일(152.9킬로미터)을 던지는 투수가 전체 4.82퍼센트에 불과했지만, 2015년에는 9.14퍼센트로 두 배 가까이 늘어났다. 아롤디스 채프먼이 메이저리그 최고 시속인 105.8마일(170.3킬로미터)의 공을 던졌던 2010년 단 7명만이 시속 100마일(160.9킬로미터)이 넘는 공을 기록한 반면, 2018년에는 29명이나 '100마일 클럽'에 가입했다. 2008년 196차례 있던 시속 100마일 투구는 2018년 1320차례로 7배가량 늘어났다.

빠름, 빠름의 시대는 그 속도만큼이나 눈 깜짝할 사이에 도래했다. 시속 100마일의 공은 투구판에서 타석까지 0.4초 이내로 날아가는데 눈 한 번 깜빡이면 공은 이미 포수 미트에 꽂혀 있다. 조던 힉스의 경우 당뇨를 앓고 있음에도 2018년 데뷔전에서 시속 101.6마일(163.5킬로미터)의 공을 뿌렸다. 그는 채프먼 이후 처음으로 시속 105마일(169.1킬로미터)의 공도 꽂아 넣었다.

패스트볼만 빨라진 게 아니다. 조안 두란이 2022년 보스턴 레드삭스와 경기에서 좌타자 앨릭스 버두고를 상대로 던진 공은 버두고의 몸쪽에서 휘어지며 떨어졌는데 시속 100.8마일(162.2킬로미터)이 찍혔다. '스플링커(스플리트+싱커)'로 불리는 이 공은 시속 100마일을 넘긴 메이저리그 역대 최초의 오프스피드(변화구) 공이었다.

2022시즌 두란의 포심패스트볼(검지와 중지를 야구공의 실밥을 가로질러 잡아 던지는 구종) 평균 시속은 100.7마일(162.1킬로미터). 커브는 평균 시속 87.7마일(141.1킬로미터)을 자랑했다. 참고로 2022시즌 KBO리그 전체 투수(외국인 선수 포함)의 패스트볼 평균 시속은 143.6킬로미터였다. 측정 방법에 차이가 있겠지만 두란은 KBO리그 투수들의 속구 속도로 날아가는 커브를 던지는 셈이다. 2022년 기준 메이저리그 포심패스트볼 평균 시속은 151.2킬로미터, 일본 프로야구 속구는 평균 시속 146.1킬로미터였다.

국내 투수들도 마냥 느린 것만은 아니다. 한화 이글스 투수 문동주는 2023년 4월 12일 KIA 타이거즈전에서 박찬호를 상대로 시속 160.1킬로미터의 공을 던졌다. 레다메스 리즈 같은 외국인 투수가 KBO리그에서 시속 160킬로미터 이상의 공을 던진 적은 있지만 국내 투수가 시속 160킬로미터 이상의 공을 뿌린 것은 문동주가 처음이다.

한화의 또 다른 투수 김서현은 데뷔 첫 등판(2023년 4월 19일 두산 베어스전)에서 최고 시속 157.9킬로미터의 공을 꽂아 넣었다. KBO리그 국내 투수 역대 네 번째로 빠른 공이다. 리그 최고 에이스로 평가받는 안우진(키움 히어로즈)은 2023년 중반까지 평균 구속 154.2킬로미터의 포심패스트볼을 던졌다. 2022년(시속 152.6킬로미터)보다 1.6킬로미터가 더 빨라졌다.

투구 속도의 증가는 야구 산업의 발전과 무관하지 않다. 예전에는 선천적으로 타고난 어깨와 팔의 세기로만 던졌다면 지금은 더 정밀한 체형 · 체질 분석으로 구속을 드라마틱하게 끌어올린다.

미국 텍사스주 포트워스에 선수 훈련용 APEC(선수 경기력 향상 센터)를 설립한 보비 스트루페는 미국 방송사 CBS 인터뷰에서 "마이클 코펙이 오프 시즌에 여기에서 훈련해 한 번에 시속 6마일(9.7킬로미터)을 향상시켰다"고도 자랑했다. 코펙의 평균 구속은 현재 시속 97~98마일에 이른다. APEC는 맞춤 강도와 회전력에 초점을 둔 컨디셔닝 프로그램을 결합해 구속을 한껏 끌어낸다고 한다. 스트루페는 "생체역학적으로 112마일(180.2킬로미터), 113마일(181.9킬로미터)까지 던질 수 있다고 생각한다"라고 밝혔다. 최근 국내 아마추어 투수들의 구속이 오른 것도 사설 아카데미에서 개인 과외를 받는 것과 무관치 않다.

강속구는 타자와 대결에서 우위를 점한다는 데 매력이 있다. 실제 시속 92마일의 공에 대한 피안타율은 0.283에 이르지만, 시속 101마일의 경우 피안타율이 0.198에 불과하다. 구속이 10마일(16.1킬로미터) 안팎으로 차이가 나는 슬라이더나 체인지업을 강속구와 섞어 던질 경우 효과는 더 크게 나타난다. 하지만 강속구는 양날의 칼과도 같다. 부상 위험 때문이다.

야구통계 분석가 제프 지머먼은 2002년부터 2014년까지 메이저리그 투수의 부상과 패스트볼 속도의 연관성을 분석했는데, 시속 96마일 이상을 던진 투수는 다음 시즌 부상자명단에 오를 확률이 27퍼센트에 이르렀다. 시속 90~93마일의 공을 던지는 투수보다 두 배 가까이 높은 수치였다. 시속 96마일 이상을 더 많이 던진 투수가 더 오래 부상자명단에 오른다는 것을 밝혀내기도 했다.

〈미국 스포츠의학 저널(American Journal of Sports Medicine)〉의 연구는 더 자세히 강속구의 위험성을 보여 준다. 2010년 연구에서 세 시즌 동안 프로 선수 23명을 추적 관찰했는데, 부상 없는 투수 14명의 평균 구속은 시속 85.22마일(137.1킬로미터)이었다. 이에 비해 부상 당한 9명의 평균 구속은 시속 89.22마일(143.6킬로미터)이었다. 이 중 최고 구속을 기록한 3명은 모두 '토미 존 서저리(팔꿈치 인대 접합 수술)'가 필요했다. 표본이 적지만 시사하는 바는 적지 않다. 강속구를 던지는 투수는 관리가 더 필요하다는 것이다.

앞서 언급한 것처럼 투구는 인체 구조상 매우 부자연스러운 동작이다. KBO리그에서는 하루 평균 한 구단당 선발, 불펜, 구분 없이 4.54명의 투수(2023년 기준)가 마운드에 올라 '부자연스러운 동작'으로 근육 · 인대 · 관절을 뒤틀면서 평균 67개의 공을 던졌다. 그저 강속구만을 기준으로 이들을 평가해서는 안 된다. 투수가 리그에서 살아남는 법에는 여러 가지가 있고 강속구는 그중 하나일 뿐이기 때문이다. 제구된 느린 공보다 오히려 제구 안 된 강속구가 더 위험하다는 사실을 잊어서는 안 된다. '속도'보다 '안전'이다.

11.43cm라는 간발의 차이

미국 프로야구 메이저리그는 2023시즌에 앞서 변화가 많았다. 가장 주목된 것은 '피치 클록'이다. 투수는 주자가 없을 때 15초, 주자가 있을 때 20초 이내에 공을 던져야 한다. 타자도 시간이 8초로 떨어지기 전까지 반드시 타석에 서야 한다. 경기 시간을 단축하기 위한 방안이다. 실제로 피치 클록, 수비 시프트(변형) 제한 등으로 2023 메이저리그는 평균 경기 시간(9이닝 기준)이 2시간 39분 49초로 1985년 이후 38년 만에 가장 짧았다. 2022년보다 24분, 2021년보다 30분이나 줄었다.

메이저리그의 변화는 이뿐만이 아니다. 정사각형 모양의 베이스 크기도 달라졌다. 선수 안전을 위해 가로세로 15인치(38.1cm)에서 18인치(45.72cm)로 커졌다. 베이스 크기와 선수 안전이 무슨 관계가 있을까 싶기도 하지만 베이스에 걸려 발목을 접질리거나 슬라이딩 도중 손이 수비수의 스파이크에 밟히는 등의 부상을 줄일 수 있다.

베이스 간 거리가 그대로 90피트(27.43m)인데 베이스 크기가 커졌다는 것은 1~2루, 2~3루의 거리도 줄었다는 의미가 된다. 2022년보다 약 4.5인치(11.43cm) 짧아졌다. 차이가 그리 커 보이지 않지만 도루는 간발의 차이로 아웃/세이프가 갈린다. 도루 때 살 확률이 그만큼 높아졌고, 이는 통계로도 나타난다.

메이저리그 선수들은 2023시즌 3503개의 도루를 기록했는데, 이는 1987년(3585개) 이후 가장 많은 수치이자 지난 100시즌 중 두 번째로 많은 도루 기록이다. 도루 시도 또한 경기당 1.8개로 전년도보다 많았다. 도루 성공률의 경우는 80.2퍼센트에 이르렀다. 메이저리그 사상 최초로 80퍼센트를 넘겼다.

피치 클록과 3인치 커진 베이스 크기가 불러온 나비효과다. 메이저리그에서는 2007년 호세 레이예스(78개) 이후 70개 이상의 도루를 기록한 선수가 없었는데 2023년 로날드 아쿠나 주니어(애틀랜타 브레이브스)가 73개의 도루를 성공시켰다. 아쿠나 주니어는 메이저리그 사상 최초로 '40(홈런)-70(도루)' 대기록을 세우기도 했다.

메이저리그는 리키 헨더슨과 빈스 콜먼이 활약하던 1980년대 한 해 세 자릿수 도루를 기록하는 선수도 있었지만 지금은 아니다. 베이스 크기 변화로 시즌 100도루의 시대가 금방 다시 도래하지는 않겠으나 '한 방' 일색이던 리그에 '한 발 더'의 색이 입혀진 것은 분명해 보인다. 구단들의 선수 스카우트 옵션이 더 생겼기 때문이다. 야구에 홈런만이 전부가 아님을 구단도 깨달을 터이다. 발 빠른 어린 선수들에게도 분명 또 다른 동기부여가 될 것이고.

야구 역사를 보면 리그 상황에 따라 메이저리그는 변화를 꾀해 왔다. 투수판과 홈플레이트 사이 거리만 봐도 그렇다. 1881년 이전까지 투수판과 홈플레이트 사이 거리는 45피트(13.71m)였다. 하지만 1883년 공을 어깨 위로 올렸다가 던지는 오버핸드 투구가 가능해지면서 타자는 점점 공을 치기 어려워졌고 리그는 재미가 없어졌다. 이에 투구판 위치가 60.5피트(18.44m)로 조정됐다. 1892년 리그 타율은 0.245였으나 투구판이 3미터가량 뒤로 밀린 이듬해에는 0.280까지 상승했다.

지명타자제도 리그의 박진감을 위해 탄생했다. 1960년대 메이저리그는 투수 전성시대였는데, 1968년의 경우 31승 투수(데니 맥레인)가 나왔지만 공격 분야에서는 타율 3할

1리 타자가 타율 1위를 기록했다. 투고타저가 이어지자 타격이 살아야만 리그가 흥행할 수 있다는 공감대 아래 수비는 하지 않고 공격만 하는 타자가 논의되기 시작했다. 그리하여 1973년 아메리칸리그에 처음으로 지명타자제가 도입됐다. 투수도 타석에 서는 전통을 고수했던 내셔널리그도 2022년부터 지명타자제를 실시 중이다. 메이저리그에서 투수는 더 이상 타석에 서지 않는다. 투수 타율 기록 또한 그저 야구 역사의 한 페이지로만 남게 됐다. (투수, 타자 다 하는 오타니 쇼헤이는 제외지만.)

메이저리그는 2020시즌부터 10회 연장 때 승부치기(무사 주자 2루에서 공격 시작, 포스트시즌 제외)도 하고 있다. 코로나19 시기에 선수 수급 문제로 임시로 도입한 제도지만 2023년 초 영구적으로 시행하기로 합의했다. 무승부 없이 끝장 승부는 벌이되, 더 효율적인 방법으로 승부를 가리게 한 셈이다. 기록을 중시하는 야구 정통론자가 볼 때 연장전 유령 주자의 탄생이 마뜩잖을 수도 있지만 기나긴 연장 승부가 시대 흐름에 맞지 않는 것도 사실이다.

제도, 규칙의 변화는 기록에도 영향을 미친다. 시즌 기록은 물론이고 통산 기록까지 뒤흔들게 된다. 물론 메이저리그 통산 도루 같은 경우는 '넘사벽'에 가깝다. 통산 1천 개 이상 도루를 기록한 이는 헨더슨(1406개)뿐이다. 그래도 누가 알겠는가. 3인치 커진 베이스가 계속 유지되는 먼 훗날에 그의 대기록을 위협할 누군가가 나타날지.

헨더슨은 미국 스포츠매체 〈디 애슬레틱〉과의 인터뷰에서 "내 기록의 가치를 위해 베이스 크기가 예전처럼 그대로 유지됐으면 했다"면서도 "경기를 더욱 흥미진진하게 만들어 갈 수 있다면 괜찮다. 1차원적 공격 대신에 더욱 짜릿하고 생동감 넘치는 야구를 보고 싶다"라고 했다. '올스타 휴식기 전까지 최소 50도루'의 목표를 세웠던 콜먼은 "(요즘 시대 시즌 100도루는) 절대 할 수 없다고 말하지는 않겠다. 누군가 기록 가까이에라도 오는 것을 보고 싶다"라고 했다. 불가능해 보이던 기록도 베이스 3인치 변화만으로 가능성이 열렸다. 변화를 우려하던 테리 프랑코나 클리블랜드 가디언스 감독은 "새 규칙들이 경기하는 데 별다른 방해가 되지 않는다. 여러 효과가 있다면 새로운 규칙이 좋다고 생각한다"라고 했다.

전통이라고 관습이라고 무조건 '옛것'만 고집하는 이들이 있다. 하지만 시대 흐름에 따라 옛것은 때로 낡은 것이 되고 조직 전체의 발전을 저해하는 요소가 되기도 한다. 가끔은 지속 가능한 미래를 위해 융통성도 필요하다. 야구 경기에서 베이스는 그저 경기 흐름을 이어가게 해 주는 매개체일 뿐이다.

누군가는 야구를 모르면 관심조차 없을 ‘15인치 베이스’에 계속 집착한다. 그것이 전통이라고, 그것이 관례라고 하면서. 정작 ‘15인치 베이스’의 필요성에 대해서는 잘 설명하지도 못하면서 말이다. 현상 유지는 퇴보를 의미하는 시대, 우리가 버려야 할 15인치 베이스는 과연 무엇일까.

2023년 5월 중순, 고교 야구계가 술렁였다. 황금사자기 대회 예선 때 등장한 일명 '로봇심판' 때문이었다. 3월 열린 신세계 이마트배 전국고교야구대회 16강전에 처음 도입된 로봇심판이 황금사자기 때는 예선전부터 투입됐다.

로봇심판이라고 하지만 진짜 로봇이 등장하지는 않는다. 자동 볼 판정 시스템(Automatic Ball-Strike System, ABS)으로 구장에 설치된 카메라와 센서를 이용해 투수가 던진 공의 위치 · 속도 · 각도 등을 측정한 뒤 볼/스트라이크를 판정하고 구심에게 전달한다. 주관이 개입될 수밖에 없는 사람의 눈이 아닌 객관적 기계의 눈으로 볼/스트라이크 판정 시비를 줄여 보려는 시도다.

이마트배 대회 때는 호평받았던 로봇심판이 황금사자기

때 성토의 대상이 된 이유는 스트라이크존에 걸친 듯한 공을 모두 볼로 판정하면서 볼넷이 남발됐기 때문이다. 한 예로 5월 15일 열린 예선전의 경우 기계가 볼/스트라이크를 판정한 목동구장 세 경기에서 78개의 사사구(볼넷과 몸에 맞는 볼을 합쳐 부르는 말)가 나왔다. 부산공업고와 야로고BC 경기에서 나온 사사구는 모두 39개였다. 현장에서는 "가운데로만 공을 던져야 한다"는 불만도 터져 나왔다. 참고로 인간 심판이 판정을 한 신월구장 세 경기에서는 다 합해서 36개의 사사구가 나왔다.

다음 날까지도 사사구가 속출하자 대한야구소프트볼협회(KBSA)는 로봇심판 스트라이크존을 재설정했다. 그러나 5월 22일 목동구장에서 열린 대회 16강전 성남고와 경기항공고 경기에서도 두 팀 합해 20개 사사구가 나온 것을 고려하면 아마추어 투수들이 여전히 로봇심판 스트라이크존 적응에 어려움을 겪었음을 알 수 있다. 한 학부모는 "볼넷이 되는 줄 알았는데 삼진이 됐고, 삼진이 되는 줄 알았는데 볼넷이 됐다"라고 분위기를 전했다.

야구의 세계에서 스트라이크존은 꽤 민감한 문제다. 공 하나 판정에 따라 타격 폼, 혹은 투구 메커니즘이 흐트러질 수 있고, 더 나아가 경기 흐름까지 바뀔 수 있다. 경기가 끝날 때마다 당일의 스트라이크존이 팬들 입길에 오르는 이유다. 특정 심판이 배정되면 경기 전부터 한숨을 쉬는 팬도 있다. 심판도, 팀도, 선수도, 팬도 스트라이크존은 스트레스 그 자체. 인간은 실수의 동물이고, 불완전한 인간이 판단하고 판정하는 스트라이크존에 대한 신뢰도는 100퍼센트가 될 수 없다.

심판 판정 오류는 통계로도 잘 나타난다. 2019년 4월 미국 보스턴대학 경영대학원 연구진이 발표한 자료에 따르면, 2018시즌 메이저리그 심판은 모두 89명으로 평균 경력 13년이었다. 각 심판은 평균 112경기에 나섰고 그중 28경기에서 주심으로 볼/스트라이크 판정을 했다. 시즌 전체로 보면 대략 4200차례 투구 판정을 하는 셈이다. 그런데 2018시즌 동안 심판은 3만 4294개의 잘못된 볼/스트라이크 판정을 했다. 경기당 평균 14개에 이른다.

잘못 판정된 공 한 개가 경기에 어떤 나비효과를 일으켰는지는 정확히 알 수 없지만 경기 흐름을 바꾼 일부 판정도 있었을 것이다. 보스턴대학 연구진은 "메이저리그 심판은 투 스트라이크에서 명백한 볼을 스트라이크로 잘못 판정하는 경향이 있는데 2018년 심판의 볼 판정 실수로 총 55경기가 종료됐다"라고 설명했다.

흥미로운 통계는 또 있다. 텍사스대학 경제학 연구팀이

2004~2008년 메이저리그 투구 350만 건 이상을 분석한 결과, 심판들은 자신과 같은 인종의 투수에게 유리한 판정을 내렸다. 이런 이유로 투수들은 다른 인종의 심판을 만났을 때 스트라이크존 바깥쪽보다는 한가운데로 공을 던지려고도 했다. 심판 중 89퍼센트가 백인이고 70퍼센트의 투수가 백인인 메이저리그 상황에서 유색인종 투수가 경기 중 당한 차별을 짐작할 수 있다.

이 밖에 올스타전에 여러 차례 뽑힌, 이른바 검증된 투수는 스트라이크 판정에 후했던 통계도 있다. 2008년부터 2013년까지의 판정을 분석했을 때 스트라이크존 안에 들어온 투구의 13.2퍼센트가 볼로 판정됐다는 데이터도 있다. 86.8퍼센트만 정확하게 스트라이크로 판정된 셈이다.

인간이 세 시간 안팎 동안 같은 자세를 내내 유지하면서 0.4초 이내로 날아오는 공에 일정한 판정을 내리기는 사실 힘든 일이다. 똑같은 볼 판정을 내려도 심판 출신 등에 따라 괜히 팬들에게 오해받는 일도 비일비재하다. 감성적 판단이 절대 개입될 수 없는 로봇심판에 대한 갈망이 나올 수밖에 없는 이유이다.

기술 발전 또한 로봇심판 등장에 가속도를 붙였다. 메이저리그는 2001년 투구 추적 시스템인 퀘스텍(QuesTec)을 처음 도입했고, 2008년부터는 퀘스텍보다 더 정교해진 피치에프엑스(PITCHf/x) 시스템을 구축했다. 제3의 눈이 등장하면서 볼/스트라이크 판정 데이터가 축적됐고, 숫자로 보이는 오심 수치는 충격과 함께 인공지능(AI) 기반의 자동 판정 시스템 도입을 부채질했다.

미국 프로야구는 2019년 독립리그 애틀란틱리그에서 로봇심판을 처음 시범 운영했고 이후 마이너리그 하위 싱글A와 애리조나 가을 리그에도 도입했다. 2022년 일부 트리플A 구장에서도 운영했는데, 2023년부터는 트리플A 30개 모든 구장에 자동 볼/스트라이크 판정 기계가 설치됐다.

KBO리그는 2020년 퓨처스(2군)리그에서 로봇심판을 도입해 시험 가동해 왔다. 그리고 2024년부터는 1군 경기에도 로봇심판을 투입한다. 메이저리그보다 더 빨리 자동 볼 판정 시스템으로 리그를 운영하는 셈이다. KBO는 "모든 투수와 타자가 동일한 스트라이크존 판정을 적용받을 수 있어 공정한 경기 진행이 가능해진다"라고 설명했다. 하긴 스트라이크존이 좁든 넓든 한결같기만 하면 될 것이다. 야구에서도, 인생에서도 결국 중요한 것은 공정, 공평하다는 믿음일 터다.

공평한 경기를 위한 스포츠 판정 기술은 나날이 정교해져 왔다. 프로축구만 봐도 그렇다. 2022년 카타르월드컵

때는 반자동 오프사이드 판독 기술이 도입돼 불필요한 논쟁을 없앴고, 공인구 안에 관성측정장치까지 심어 미세한 공의 움직임까지 잡아냈다. 프로테니스는 정확한 인/아웃 판정을 위해 일찌감치 호크아이 기술을 사용해 왔다. 야구와 비슷한 크리켓 또한 심판이 무선 기술을 이용해 판정의 질을 높이고 있다.

여느 스포츠보다 긴 시즌 동안 많은 경기를 소화하는 프로야구. 공 하나하나에 소비되는 감정의 낭비를 줄이면 경기 그 자체에 집중할 수 있지 않을까. 기계 영역을 조금 더 확장한다고 야구 본연의 재미가 사라지지는 않을 것이다. 경기 패배에 대한 화풀이 대상이 줄어들기는 하겠지만 말이다.

취재 일기 2

야구와 닮은 인생

야구를 실제로 했거나 봤던 사람들은 말한다. 야구가 인생 같다고. 열두 살 때 강속구를 앞세워 고교 팀과 세미 프로팀을 상대로 일곱 경기에서 노히트노런을 다섯 차례 작성했던 밥 펠러(2010년 사망)도 말했다. "매일이 새로운 기회다. 어제의 성공을 토대로 기회를 만들 수도 있고, 어제의 실패를 뒤로하고 다시 시작할 수도 있다. 매일같이 새로운 경기가 펼쳐지는 것이 인생이고, 야구도 마찬가지다."

야구가 삶에 종종 빗대지는 가장 큰 이유는 아마 일상성 때문일 것이다. 야구만큼 시즌이 긴 프로 스포츠는 없다. 프로야구는 연간 144경기(메이저리그는 162경기)가 열린다. 1년의 39.5퍼센트가 야구로 채워진다는 얘기다. 포스트시즌에 진출하면 현 시스템상 최대 19경기까지 더 치러야 한다. 여기에 시범경기까지 포함한다면? 야구는 연속성을 가진 매일의 경기가 된다. 인생처럼 말이다.

야구 전문가와 팬들 사이에서 호불호가 갈리는 김성근 전 감독은 당신의 야구를 물에 빗대기도 했다. 험난한 계곡길도, 잔잔한 시내 길도 있었지만 결국 앞으로 향해 나아가 바다가 됐다고 했다. 하긴 인생도 물같이 흘러간다. 흙탕물도 됐다가 일급수도 됐다가 하면서. 그 끝이 광활한 바다일지 혹은 작은 연못이나 메마른 황무지일지 알 수는 없지만 말이다.

분명한 사실은 멈춰 있으면 안 된다는 것이다. 야구도, 인생도 가만히 있으면 도태된다. 어제의 야구로 오늘의 야구를 이길 수는 없다. 예전에는 속구, 커브, 슬라이더만으로 타자를 상대해도 됐지만, 지금은 체인지업, 스위퍼 등도 갖추고 있어야 한다. 시속 150킬로미터가 빠르다고 여겨지던 때가 있었지만 지금은 시속 160킬로미터 이상을 심심찮게 던진다. 미래의 야구는 더 빨라질 것이다.

현역 시절 가장 많은 홈런을 때려 냈던 이승엽 두산 베어스 감독에게 뜬금없이 물었다. “인생은 ‘한 방’일까요?” 이 감독은 답했다. "인생은 한 방이 맞다." 홈런타자다운 말이다. 하지만 더 중요한 말이 이어졌다. "그런데 한 방을 터뜨리기 위해 누구보다도 큰 노력을 해야 한다. 급하게 타오른 불은 급하게 꺼지기 때문이다. 직진으로 갈 수도, 둘러서 갈 수도 있겠지만 자신이 목표한 바를 향해 끈기 있게 가는 게 중요하지 않을까."

이승엽 감독은 선수 때 국내 프로야구에서 최고의 위치에 있다가 일본으로 건너가 생애 첫 실패를 맛봤다. 한국에서만 있었다면 결코 경험하지 못했을 밑바닥이었다. 그는 일본 진출 첫해 좌절을 맛본 이후 하루 450~500번의 스윙을 했다. 손가락에 물집이 생기고 피가 나도 방망이를 휘둘렀다. 그리고, 일본 프로야구의 상징인 요미우리 자이언츠 4번 타자가 됐다. 이 감독은 "실패 속에서 야구를 진심으로 대할 수 있게 됐다"라고 돌아본다. 그의 인생은 분명 '한 방'으로 설명된다. 하지만 그 '한 방'을 완성한 것은 근성이었다. 이승엽 감독의 좌우명은 '진실한 땀은 배신하지 않는다'다.

누구나 실수를 하고 실패를 경험한다. 중요한 것은 '그 이후'일 것이다. 글씨를 막 배우기 시작한 아이들의 연필에 지우개가 달린 이유도 마찬가지일 것이다. 한 번, 두 번, 여러 번의 실수와 실패로 하얀 종이가 너덜너덜해지더라도 지우고, 다시 지우고 채우고 채워야만 하는 것이다. 다만 필요한 것은 과감하게 지우고 다시 쓸 용기이리라.

우리는 매일의 타석에 선다. 야구에서는 안타든, 볼넷이든 합해서 열 번 중 네 번만 출루하면 괜찮은 타자라고 하는데 과연 현실은 그럴까. 어떤 때는 첫 타석에서 빈타로 물러나면 바로 교체된다. 안타를 치고 출루했어도 다음 기회가 없을 수도 있다. 그런데도 믿을 수밖에 없다. 내일은 또 기회가 있을 거라고. 누군가는 내가 하는 하루 200~300개의 스윙 연습을 봐 줄 거라고.

스포츠 기자로 20년 넘게 현장을 누비며 홈런(특종)도 날려 봤고, 삼진(낙종)도 당해 봤다. 다부지게 마음먹고 던진 공이 폭투가 되기도 했고, 몸에 맞는 공이 되기도 했다. 그래도 나만의 스트라이크존을 만들어 나만의 방법으로 나만의 공을 던져 왔다. 정말 힘든 게임도 많았지만, 9이닝 내내 그라운드 위에 서 있고자 필사적으로 버텼다. 때로는 1회초 선두 타자로, 때로는 9회말 2아웃 마지막 타자의 심정으로 질문을 던지며 최선의 답을 도출해 내려고 했다. 출루율을 높이기 위해, 평균자책점을 낮추기 위해.

메이저리그 홈런왕 행크 에런의 말로 글을 갈음한다. "공놀이할 때나 인생에서나 사람은 가끔 뭔가 대단한 일을 할 기회를 얻는다. 그때가 오면 중요한 것은 두 가지뿐이다. 순간을 포착할 준비가 되어 있고, 최선의 스윙을 할 수 있는 용기를 갖는 것이다."

에필로그

야구가 만들어 내는 이야기

그해는, 참 더웠다. 시험을 보다가 김일성 사망 소식을 듣기도 했다. '공부만이 살길'이란 어른들의 채근에 책상에 앉아 엉덩이 근육만 단련해 가던 그때, 위안을 주던 것은 LG 트윈스였다. 연고지인 서울시민도 아닌데 LG를 좋아한 것은 순전히 MBC 청룡 때문이었다. MBC에서 청룡 경기를 많이 중계한 덕에 제주도 시골 소녀는 청룡 팬이 됐고, 청룡 구단이 LG에 팔린 이후에는 LG 팬으로 넘어갔다. 선수들이 그대로인데 팀을 갈아탈 수는 없는 노릇 아닌가.

야간 자율학습 때는 귀에 이어폰을 꽂고 몰래 한국시리즈 라디오 중계를 들었다. 1차전 김선진이 끝내기 홈런을 쳤을 때 책상 밑으로 손을 불끈 쥐면서 소리 없는 환호도 질렀다. 그리고 그해 LG는 창단 첫해(1990년)에 이어 4년 만에 통합우승을 했다. 당시에는 야구 우승이 쉽게 보였다. 곧 LG는 또 다른 영광의 순간을 맞이할 줄 알았다.

서울 소재의 대학에 진학하면서 처음 잠실야구장을 찾았을 때의 울컥함은 아직도 잊히지 않는다. 텔레비전 화면보다 야구장은 더 가깝게 느껴졌다. 나의 대학 수첩엔 1995년 당시 잠실야구장 입장권이 그대로 보관돼 있다. 혼자서, 때로는 친구들과 더불어 같이 야구장으로 가서 "무적 LG!"를 외쳤다.

하지만 LG는 1994년 이후로 '무적'이 되지 못했다. 적어도 2022년까지는 그랬다. 한때 야구팬이었던 이가 스포츠 기자가 되고, 십 대인 두 아이를 키우는 엄마가 될 때까지도 LG는 우승과 거리가 멀었다. 현실적인 이유로 더 이상 특정 팀을 응원하지는 않게 됐지만, 그래도 'LG' 하면 고3 때 나의 모습이 떠오르는 것은 어쩔 수 없다. 1994년 우승 당시 그 순간, 그 느낌이 생생하게 목구멍까지 차오른다.

때로는 암울했고, 때로는 아쉬웠던 시간을 지나 LG는 2023년 정규리그 우승을 확정했고, 한국시리즈까지 제패했다. 염경엽 감독을 비롯해 차명석 단장, 주장 오지환이 한겨레 편집국으로 우승 인사를 왔을 때 회사가 모처럼 떠들썩했다. 다른 스포츠 구단들이 왔을 때와는 분위기가 전혀 달랐다. 한겨레에 그렇게 많은 LG 팬이 있다는 사실을 그때 알았다. 하긴 야구만큼 오늘의 기쁨을 내일로 미뤄서는 안 되는 것도 없다.

봄, 여름, 가을로 이어지며 일상과 함께하는 프로야구는 여러 이야기를 만들어 낸다. 팬들은 144경기 내내 기뻐하고, 슬퍼하고, 분노하고, 행복해한다. 그 대상이 사람이라면 여러 번 등 돌렸을 것 같은데, 야구라서 화해하고, 야구라서 용서한다. '그럼에도 불구하고 내일은 해피엔딩'을 꿈꾼다. 시즌이 거듭될수록 감정은 켜켜이 쌓이고, 동질감은 점점 커져서 자아의 연장선이 된다. 삶의 희로애락이 녹아 있는 프로야구 스토리는 그래서 힘이 있다. 야구의 이야기가 나의 이야기가 되는 탓이다.

정규리그 1위가 결정 난 다음 날(4일), 1면에 큼지막한 글씨로 '우승' 두 글자가 박힌 스포츠신문을 찾아 편의점으로, 터미널로 떠돈 LG 팬들의 심정은 그래서 공감이 간다. 마흔 살이 넘은 프로야구이기에 디지털 스토리만으로는 감흥을 느낄 수 없는, 아날로그적 감성이 프로야구 팬에게는 아직 남아 있다. 야구는 '그깟 공놀이'라고 치부하기에는 너무 많은 웃음과 울음을 담고 있다.

작가의 말

2000년, 처음 신문 기자가 됐다. 그해, 프로야구에 데뷔한 이들 중 한 명은 대구고 출신으로 한화 이글스 2차 1라운드 지명을 받은 1981년생 선수였다. 그의 프로 1년 차 성적은 69경기 출전, 74타수 12안타 1홈런 3타점. 타격 능력보다 떨어지는 수비력에 고전했지만 특유의 성실함으로 극복해 냈다.

그리고 2024년 2월. 그는 KIA 타이거즈 사령탑이 됐다. 이범호는 1980년대생으로는 처음 프로 감독이 됐다. 기자로 데뷔했을 때 프로야구에 데뷔한 이들이 지금은 감독, 코치가 되어 있다. 2000년 데뷔해 아직까지 현역으로 있는 선수는 없다. 하지만 나는 그때와 마찬가지로 여전히 '기록하는 자'로 야구장을 오간다.

맨 처음 담당한 구단은 삼성 라이온즈였다. 이승엽 두산 베어스 감독을 비롯해 이강철 KT 위즈 감독 등이 삼성에 몸 담고 있었다. 이들은 그때나 지금이나 한결같다. 선수 때나 감독 때나 변하지 않는 본성들이 있다.

두산 베어스 담당일 때는 처음 '우승 기자'가 됐다. 한 팀을 1년간 취재하다 보면 자연스레 담당 팀을 응원하게 된다. 하루에 감독, 코치, 프런트, 선수 등 4~5명씩 통화하는데 어찌 안 그럴까. 물론 필요할 때는 쓴소리도 마다치 않았다. 김태형 롯데 자이언츠 감독은 당시 플레잉 코치였다. 심재학 KIA 단장도 그때는 베어스 유니폼을 입고 있었다.

지금은 〈최강야구〉(jtbc)에서 은퇴 선수 및 아마추어 선수를 이끌고 있는 김성근 감독과의 인연은 〈스포츠투데이〉 때 시작됐다. 당시 그는 〈스포츠투데이〉 객원기자로 있었다. 야구장에서 그의 관전평을 듣고서 받아 적고는 했는데, 선수 몸짓 하나, 코치진의 움직임 하나를 짚어 내는 게 놀라웠다. 그때 야구 보는 법을 배웠다. 김 감독이 직접 경기 기록을 하면서 형형색색의 펜으로 속구, 변화구까지 낱낱이 적는 모습을 보고 나도 따라 하게 됐다. 지금도 나는 포스트시즌 등을 취재 가면 빨강, 파랑 펜을 꺼내 놓고 나만의 기록지를 완성해 간다. 기록지가 더러워질수록 경기 기사는 더욱 풍부해진다.

〈한겨레신문〉으로 적을 옮기고 난 뒤 담당 팀은 사라졌다. 취재할 종목도 야구뿐 아니라 골프, 테니스, 배구, 빙상 등으로 더 많아졌다. 이 때문에 조금 더 폭넓은 시야를 갖게 됐다. 테니스, 골프의 플레이 방법과 야구 타격 방법이 엇비슷하다는 사실도 알았다. 핵심은 스위트 스폿을 빠르고 정확하게 맞춰야 한다는 것. 하긴 기사를 쓸 때도 비슷하다. 핵심을 정확하게 짚어 내야 한다. 힘 줄 때 못 주면 아웃이 되고, OB(Out of Bounds, 공이 코스 밖으로 벗어난 것)가 된다. 야구에서 파울이 되는 것처럼. 수많은 아웃과 OB, 그리고 파울 타구를 디딤돌 삼아서 정확한 인플레이 타구를 만들어 내야만 한다. 베테랑은 그렇게 만들어져 가는 거다.

2023시즌에는 2000년대생 노시환(한화)이 홈런왕에 올랐다. 그러니까, 내가 처음 기사를 작성하던 때 태어난 이가 프로야구 최고의 홈런타자가 됐다. 2024시즌에는 2005년에 태어난 황준서(한화 이글스) 등이 프로에 첫발을 뗐다. 첫 인터뷰 때 "우리 아들보다 세 살밖에 안 많다"라며 웃었던 기억이 난다.

나는 아직도 현장에서 야구를, 야구사를 적는다. 그리고 투수와 타자, 투구와 타구, 공격과 수비 그 이상의 것에 의문을 품고 물음표를 던진다. 다시금 말하지만, 보이는 게 전부는 아니다. 야구 경기는 매번 다른 숙제를 남기는데, 인생도 똑같은 것 같다. 별의별 숙제의 연속이다. 예복습 없는 야구는 퇴보한다. 예복습 없는 삶도 발전이 없다.

미국 건국의 아버지 중 한 명인 벤저민 프랭클린은 말했다. "준비하지 않으면 실패할 것을 준비하고 있는 것"이라고. 야구 철학자 스즈키 이치로도 말했다. "나는 늘 한 베이스 더 가는 것을 갈구하면서 야구를 해 왔고, 그저 특별한 하루 없이 매일을 똑같이 살아가면서 연습처럼 경기하고 연습처럼 경기를 끝냈다. 그렇게 하기 위해 피나는 훈련을 하고 준비를 했다"라고. 준비의 준비. 과거는 어쩌면 오늘의 준비를 위한 시험 무대였을 것이다. 오늘이라는 현재 앞에서 과거를 버팀목 삼아 힘차게 오늘의 공을 던지기를, 그리고 두려움 없이 오늘의 난관을 쳐 내기를 그렇게 바라본다.

2024년 3월

김양희

인생 뭐, 야구

초판 1쇄 발행 2024년 4월 12일
2쇄 발행 2024년 5월 30일

지은이 김양희
펴낸이 강수걸
편집 이혜정 강나래 오해은 이선화 이소영 김성진 송연진
디자인 권문경 조은비
펴낸곳 산지니
등록 2005년 2월 7일 제333-3370000251002005000001호
주소 부산시 해운대구 수영강변대로 140 BCC 626호
전화 051-504-7070 | 팩스 051-507-7543
홈페이지 www.sanzinibook.com
전자우편 sanzini@sanzinibook.com
블로그 sanzinibook.tistory.com

ISBN 979-11-6861-244-0 03690

* 책값은 뒤표지에 있습니다.
* 잘못된 책은 구입하신 곳에서 교환해드립니다.